陆小曼新传·一句诺言，一生一场恋

陆小曼新传

——一句诺言，一生一场恋

作为民国女作家，画家，陆小曼的文章和绘画都有突出的成就。傅抱石评论其说“堪称东方才女”。她的文字，纯美，真挚，坦诚，读之，可以管见其纯真的性灵，以及对徐志摩的真诚爱恋和深沉思念。

陆小曼新传

——一句诺言，一生一场恋

王拥军◎编著

中国商业出版社

图书在版编目（CIP）数据

陆小曼新传：一句诺言，一生一场恋 / 王拥军编著 .
— 北京：中国商业出版社，2015.6
ISBN 978-7-5044-8979-1

Ⅰ . ①陆… Ⅱ . ①王… Ⅲ . ①陆小曼（1903 ~ 1965）
– 传记 Ⅳ . ① K825.6

中国版本图书馆 CIP 数据核字（2015）第 108898 号

责任编辑：唐伟荣

中国商业出版社出版发行
010 – 63180647　www.c – cbook.com
(100053　北京广安门内报国寺 1 号）
新华书店总店北京发行所经销
河北华商印刷有限公司
*
710 × 1000 mm　1/16　16.5 印张　200 千字
2015 年 6 月第 1 版　　2019 年 1 月第 2 次印刷
定价：38.00 元
*　*　*　*

前言

民国时期，风雨飘摇，上流社会众生偏居一隅，养尊处优，以求暂时的安逸。此时别院深闺、针织女红、循规蹈矩、三纲五常，亦被先进思潮的利剑所伤。大家闺秀，受到中国文化熏陶的同时，也开始接受西方的文化，在理想与现实之间，出现了一个个接受西式教育、娇惯任性的“大小姐”。

她们似古代画卷中走出的仕女，用自己的才华与美貌，演绎出一段段惊世之情，影响着这个时代。然而，那个转型的年代也造成了她们的悲哀，她们虽怀揣美丽的梦想，却是误落凡尘的孤星，只能把内心的火焰与寂寞轻轻埋葬。这些名媛中，唯有一人，她不拘世俗，独树一帜，只想过自己的生活。儿女柔情的世界里，太多的诱惑，太多的惆怅与寂寞。而她，没有被胭粉之气所埋没，一直追随自己的内心。她，便是民国四大才女之一——陆小曼。

陆小曼，一位美丽与聪慧并存的女子，集南方之秀气与北方之率真于一身。她的美貌，被胡适赞为“北京城一道不可不看的风景”。

陆小曼 1903 年出生于上海，15 岁时就读北京圣心学堂，是名噪校园的“冰皇后”。18 岁时被北洋政府外交总长顾维钧聘用，兼职外交部翻译，玩转翻译界，一时名满北平。21 岁时结识徐志摩，并与之恋爱。22 岁时与结婚四年的丈夫王赓离婚。28 岁时，徐志摩去世，她投入整理徐志摩的遗稿以及绘画、写作之中。

今生为你，花开荼蘼。陆小曼出身名门，美丽聪慧，才华出众，却又生性高傲。为了真爱率性不羁，敢于打破俗世礼节的藩篱，追逐心中的自由与爱恋。在那个时代，贵为将军夫人的她，背负着社会的诸多指责，为了徐志摩义无反顾地走出原有的婚姻。

浪漫诗人的红颜知己陆小曼，为多情才子而怒放，繁华过后却是美人迟暮的无尽悲凉。她与丈夫、爱人、挚友这样三个男人的情感经历和纠葛，是那个时代人们为之感慨、叹息和扼腕的轰动性事件。诗人徐志摩为她不畏诟病冷眼，被梁启超痛斥而不低眉，闹出一场民国离婚案。王赓给了她放手的爱，徐志摩点燃了她情感的烈火。徐志摩所乘飞机失事后，她因为徐志摩的死而被其朋友所不容。她选择与翁瑞午不明不白地生活，受尽世人冷眼，被世人非议，翁瑞午给了她平静的守候。陆小曼一生的恋情惊世骇俗，爱让她的美丽盛放，也终让她的美丽枯萎，但最终洗尽铅华，素衣半生。

陆小曼的可贵在于虽出身高贵，却不慕富贵，她最重的是真情。她豪爽意气，不追名逐利；个性鲜明，待人真诚；我行我素，自由自在；最重生命的自由，重自我感受。她或许是过分了，凡事都要随心所欲，不是任性，是蛮横。在世人阴暗的文字中一次次被鞭斥，她却从来不曾为自己辩解过一个字，保持缄默直到死去。她过着自己的生活，不为外界所动。她的坚韧与刚强，实非一般女性可以比拟，她如一朵悄然开放的玫瑰，每年都依时而开，绚烂夺目却与他人无关，只是散发着属于自己的芳香。

作为民国女作家、画家，陆小曼的文章和绘画都有突出的成就。

傅抱石评论她：“堪称东方才女。”她能书会画，能说会道，言谈举止均能引一时潮流，成一道风景；擅长戏剧，深谙昆曲，能演皮黄，习得一手好文章，有着深厚的古文功底；精通钢琴、擅作油画，崇尚西方自由的思想，希望能够按照自己的意愿生活。陆小曼不是最美的，但加上她的才华与修养，便是最惊艳的。貌美只是她的资本，而不是全部。陆小曼因美貌、才气、狂放和用情热烈而知名于那个时代。

岁月如波，陆小曼只是一个过客，我们也仅仅是她的看客。姣美的容颜，迷醉了岁月；非凡的才华，让她熠熠生辉；她的爱情，亦让她的传奇不朽。这一生，陆小曼从繁华中走来，又在落寞中隐去，而她传奇的故事，却在人们的记忆里永不落幕。

目 录

第一章　玉叶金柯：富贵乡里的“冷香人”

孔家弄富贵屋诞生的掌上明珠，一个才情与美貌兼具的女子。她的风情诱惑，与时尚气息的滋养相融合。7 岁，求学北平；16 岁，成长为一颗明星；18 岁，被北洋政府聘用兼职担任外交翻译；19 岁，名闻北京社交界。她就是陆小曼，陆家唯一的孩子。

第二章　为情所困：人前欢笑人后泪

首次婚姻，背人垂泪。一片秋叶的凋落，一个回眸的心动，一次同舟的际遇，亦都是几世修来的结果。只是，不会有人知道，她来，是为了赴红尘里的那场信誓旦旦的约定，是来偿还前世欠下的情债。

第三章　青岛重聚：爱情敌不过现实的苦

一个是窈窕淑女情意绵绵，一个是江南才子风度翩翩；一个是朵含露的玫瑰，一个是首抒情的新诗；干柴碰上烈火，迸发出爱情的火花，最终修成正果。然而五年的婚姻，却留下了生命里再也无法抹平的伤痛。徐志摩奔波在生计线上，陆小曼沉沦在烟色挥度里。爱是一场相互的妥协，失去哪一方的努力，都会最终分崩离析。在困顿的生活与翁媳关系极度紧张中，原本热烈而甜蜜的爱情逐渐冷却，他们二人渐行渐远。徐志摩累了，终于在一场飞机事故中写完了人生最后一首再不能阅读的绝命诗。斯人远去，她铅华洗净，甘愿淡泊，绝迹曾经留下旖旎风光的地方，而消失在人们的视线里。

第四章　善待友人：绵绵数十载，寥落见人心

王亦令在《忆陆小曼》一文中说：“凡是认识陆小曼的人，几乎异口同声称赞她宅心忠厚、待朋友热情、讲究义气。甚至有人作出这样的评论：男人中有梅兰芳，女人中有陆小曼，都是人缘极好，只要见过其面的人，无不被其真诚相待所感动。她绝不虚情假义敷衍他人，而是出于一片赤子之心。”

第五章　红颜多舛：舞榭歌台后的爱与痛

繁花似锦如昨夜散场的舞会，纷纷来，笑嘻嘻，匆匆去，忧乐离场。她倾国倾城，却多病缠身，用鸦片减少病痛，饱受爱情与现实的折磨。爱人殒命，哭摩枉然，在爱恨情仇悲欢离合中，她与翁瑞午，一个不是丈夫却胜似丈夫的男人，一起走过 33 载。

第六章　一代才女：文艺界的“普罗米修斯”

她是一代才女，在与王赓、徐志摩和翁瑞午的情爱纠葛中，在繁华奢靡歌舞升平的舞台上，她用生命进行着绝艳的演出。也许是上苍的眷顾，陆小曼不仅生得倾国倾城，还多才多艺。用现代的眼光看陆小曼，她是一个极具勇气、毫不伪饰、敢于追求个人幸福的真女子，而绝不是什么“祸水”。她擅长戏剧，曾与徐志摩合作创作《卞昆冈》五幕话剧。她谙昆曲，也能演皮黄，还写得一手好文章，有深厚的古文功底和扎实的文字修饰能力。她长于油画，还会弹钢琴，被胡适誉为“一道不可不看的风景”。

第七章　细说陆小曼：被误读的绝世红颜

关于爱情与背叛，关于生活与生存，关于优雅与庸俗，关于张扬与隐忍，这是那个叫陆小曼的女人用一生演绎着的全部。而对一个女人来说，能承载多少寂寞，就有多少故事。她用自己的历程，诠释着女人宿命中的所有可能。她不是烟花，却比烟花寂寞三分；她不是玫瑰，却比玫瑰美艳动人。她是一汪碧海，澄净透明却又深广难测；她是上个世纪流动的诗篇；她是历经劫难后不衰的红颜。

第八章　秋叶般静美：陆小曼朴素的后半生

春花秋月情来了，冷暖由人心自明，人生起落寻常事，素衣纤手春秋笔。她的前半生，是一只美艳的蝶，肆意炫耀着自己光彩照人的外表；她的后半生，是一只平凡的蝶，安宁、平静。她倾心于绘画艺术，遍拜名师，为曾经徐志摩一直希望她成为的那个女人而努力着，终有所成。她无须用语言去为自己做任何的辩解，她用后半生的孤独清苦换前半生的红艳繁华，她用一个女子柔弱的身心告诉世人爱的真谛。随着时光悄悄褪去隐藏在她身上的面具，那些陈旧不堪的纱幔渐渐支离破碎的时候，陆小曼这个曾经毁誉参半的女子，终将把她散发的所有的美重新展现在世人面前。

第一章　玉叶金柯：富贵乡里的“冷香人”

孔家弄富贵屋诞生的掌上明珠，一个才情与美貌兼具的女子。她的风情诱惑，与时尚气息的滋养相融合。7 岁，求学北平；16 岁，成长为一颗明星；18 岁，被北洋政府聘用兼职担任外交翻译；19 岁，名闻北京社交界。她就是陆小曼，陆家唯一的孩子。

1. 陆家小曼初长成

1903年农历九月十九日，一个阳光明媚的早上，秋天的脚步早已来临，在上海孔家弄一家豪门大宅里，聚集着焦急等待的人们，原来是豪门陆家的陆夫人即将临盆。农历九月十九，这可是观世音菩萨出家成道的日子，这个日子对老百姓而言，是多么的特殊啊！更让全家人感到神奇的是，此时已是深秋，百花凋零，但整个家里却弥漫着一股玫瑰花的清香，仿佛春天又来到了人间。

“哇哇哇……”一个女婴的啼哭，划破了清晨的寂静。陆氏上下，欢天喜地地盼望着一个小生命的到来。她的到来，令这个家庭中所有的人都欣喜若狂，能在这么重要的日子里迎接到新的生命，对这个家庭真可谓是喜上加喜。

小女孩生得眉清目秀，肌白肤嫩，家里人戏称她为“小观音”。“小观音”的父母开心地迎接她的到来。他们知道每个生命来到这个世上，都带着不同的使命。未来是福是祸，是忧是乐，谁也无法预知，但他们依旧期待好运陪伴着孩子的一生。陆氏夫妇长时间地凝视着孩子纯净的脸庞，想从这聪慧美丽的脸上读出她的一切。可爱的，充满灵性的孩子一定会享有人间所有美好的事物，还会有美丽的未来。

这名女婴便是陆小曼。她是一个美丽的女子，是集万千宠爱于一身的安琪儿，是一个人见人爱的宠儿，更是名门大家之后。

首先，就陆小曼的氏族来看，陆氏一族，自春秋始，便声名显赫，堪称中国的名门望族。从中国最早最完整的历时80余代不断续修的《樟村陆氏宗谱》中所载可以看出，陆小曼的祖上一直是书香传承，且名士辈出。从大汉开国功臣陆贾到唐朝名相陆蜇，从大诗人陆游到爱国名臣陆秀夫，都是声名显赫。她的祖先原在常州樟村，在当地是个名门望族。到了清咸丰、同治年间，陆小曼的祖父陆荣昌为避太平天国之乱，迁居到上海。

陆小曼的父亲叫陆子福，是一个天生就有福气的人。年少便得志，每次参加科举考试，必定高中，绝对是一个聪明人。在当时那个“万般皆下品，唯有读书高”的社会里，陆小曼父亲的前途肯定是一片光明。长辈对此非常自豪，于是给他改名为陆定。

父亲陆定，虽是晚清举人，但远见卓识却高于当时的大多举人。与林徽因的父亲一样，陆定曾经东渡日本，毕业于日本早稻田大学。在日本苦读多年，由于他聪明加勤奋，遇事又有个人独立的见解，所有的成绩都名列前茅，很快成为日本名相伊藤博文的得意弟子。他还曾与曹汝霖、袁观澜、穆湘瑶等民国名流是同班同学。

陆定在留学期间，还参加孙中山先生的同盟会，并因此曾在民国初年袁世凯任大总统时被下令通缉。后加入国民党，他跟国民党元老吴玉章、章太炎等人有着密切的关系。后来，陆定经同乡翰林汪洵之推荐入职于财政部。陆定平步青云，官运亨通，历任司长、参事、赋税司长等二十余年，是一位有财权的实力派官员。

虽为官僚，但陆定可不是一个庸碌之辈，他在政界有一席之地，同时也是金融家，堪称经济领域中的知识型官僚。陆定曾任财政部司长和赋税司长多年，后来辞官下海，募集到了大量的资金，成了中华储蓄银行的主要创办人。由于陆定的经济实力和社会地位很高，所以他来往的都是军政界的要员，结交的都是当时的实权人物。他的家中真可谓是“谈笑有鸿儒，往来无白丁”。有人说我国银行界零存整取的储蓄方式，就是他第一个试办的。

在当时社会的审美观念中，才子自然是要配佳人的，聪明过人而又前途远大的陆定只有才貌双全的佳人才能入他的眼。此时，一位远近闻名的才女——吴曼华，进入了陆定的心中。吴曼华是陆小曼的生母，出生于富有诗情画意的江南，她是陆定的第二任妻子。

吴曼华乃大家闺秀，是常州著名的白马三司徒中丞第吴耔禾先生的长女，自小研习古文，专擅笔墨丹青，如诗如画的江南烟雨，把她浸染成了一个貌美如花的女子。陆小曼深得母亲的精髓，更是有过之而无不及，陆小曼之名也是来于其母。

吴曼华相貌端庄，性情温厚，知书达礼，多才多艺，对古文有较深功底。她是丈夫最好的生活伴侣和事业帮手，夫妻恩爱，夫唱妇随，比翼双飞。吴曼华很有见识，处事精明，又会持家理财，对很多问题很有见地，所以深得陆定的敬重，家里大小事务，陆定都会与她商量。在清末的时候，陆定曾经担任过贝子、贝勒学校的教师。这种学校，在当时是绝对的贵族学校，学生都是皇孙贵胄。陆定教学生们读书写文章，学生们写的文章作业，陆定经常看不过来，于是便带回家中，由夫人吴曼华帮助批改。因为吴曼华有很好的文学才华，写得一手好文章，所以他很放心地把学生的文章交给夫人代批。

陆小曼的童年是在蜜罐子里长大的，幸福的她，童年几乎没有任何遗憾。父母望女成凤，家教极其严厉，陆小曼可以说是当时真正的大家闺秀，优厚的家庭条件使她受到了那个时代最好的教育。陆小曼出身于这样有钱又有势还有社会地位的家庭，父母又是中年得女，所以她在家里的地位非同小可。父母对她宠爱有加，捧到手里怕掉了，含到嘴里怕化了，从小对她千依百顺，只要她想要的东西，父母都会满足，她是父母的心头肉。

顾维钧曾当着陆定的面对一位朋友说：“陆建三的面孔一点也不聪明，可是他女儿陆小曼小姐却那样漂亮、聪明。”可以这样说，陆小曼可谓集江南之灵秀莹润与北方之大气端庄于一身，自小便气度非凡，有着常人所没有的沉静从容。陆小曼的童年是金色的，她像无数个年幼的女孩子一样，经常缠住妈妈给她讲故事。当时，吴曼华给她讲了很多故事，陆小曼听得如醉如痴。父慈母爱，他们不仅给陆小曼提供了富足优越的物质条件，更以自身的出色的言传身教，将她培养成为一位知书达礼且才情横溢的温柔女子。

陆小曼9岁时，陆定因为国民党的“二次革命”受到牵连，那时袁世凯专政四处搜缴国民党议员的证书证章。有一天，陆定照例到部里去上班，习惯性地将自己的证章证件放在身上。陆小曼在客房，看到父亲从楼上走下来，便对父亲说：“证章证件，带在身边恐怕会发生危险，今天还是摘下藏在别的地方罢。”父亲微微一笑说道：“好，今天我听咱们小观音的。”在陆定心里，并没有把她的话当回事，但是依然听了女儿的话，把证件放好。

不料这天刚出门，陆定感觉后面有人跟着，便加快脚步前行。没想到，刚进入部里，便被警察厅传去，几个便衣特工将其逮捕软禁。紧接着，大批宪警包围陆氏寓所，对陆府上下进行搜查询问，结果一无所获。

这时，宪警头目看到了站在一旁的小女孩，以为从孩子口中容易得到真相，便笑嘻嘻地走过去，拍了拍陆小曼的肩膀，说道："孩子，你爸爸让我拿一下他的证章，就是小本本的那种，你知道放哪了吗？别怕，叔叔是你爸爸的好朋友……"不料陆小曼态度大方，说道："我的父亲没有过那种东西，是不是叔叔记错了。"宪警头目不甘心，接着用各种方法，软磨硬泡，想从陆小曼口中获得一些有用的线索。而陆小曼却相机应对，自始至终不露破绽。警方见查不出什么证据，把陆定关押了三天，随即予以释放。

这个美丽的女孩，从小便展现出一种不同寻常的风度，泰然自若面对别人的责难与诋毁，宠辱不惊。

2. 万千宠爱于一身

陈乃姗曾说：“称为‘名件’，绝对讲究阶级讲究出身。她们既有血统纯真的族谱，更有全面的后天中西文化调理；她们都持有著名女子学校的文凭，家庭的名师中既有前朝的遗老遗少举人学士，也有举止优雅的英国或俄国没落贵族的夫人；她们讲英文，又读诗词；学跳舞钢琴，又习京昆山水画；她们动可以飞车骑马打网球玩女子棒球甚至开飞机……静可以舞文弄墨弹琴练瑜伽……陆小曼就是这样一位女性。”

陆小曼，比张幼仪小3岁，比林徽因大1岁。她是一个肌肤白皙、眉清目秀、机灵聪明的女孩。陆小曼出生于既富又贵的家庭，她的家庭虽然比不了林徽因那样的显赫，父亲和公公都曾出任过北洋政府的部长，是真正的社会名流；但陆小曼的父亲曾任财政部司长和赋税司长多年，还是中华储蓄银行的主要创办人，虽然社会地位不及林徽因的父亲和公公，但比经济实力却有过之而无不及。陆定是真正的实力派，而梁启超与林宗孟却只不过是文人、秀才。由于陆定的经济实力和社会地位，来往都是军政界的要员，常常出入于上流社会，结交的都是国家级的大人物，陆小曼从小不仅衣食无忧，而且交往的也都是上流社会的千金小姐。

陆小曼是一朵奇花。她不是清淡的茉莉，不是优雅的兰，不是冰清的莲，她就是一朵误入人间又历经劫数，沾染着红尘烟火的富贵花。她是陆家上下的掌上明珠，这不但是因为陆氏家族属于豪门大户，更重要的一点在于陆氏子女的不幸早夭的命运。

据说陆小曼的母亲吴曼华嫁给陆定后，先后生育了九个子女，其他八个均不幸早夭。对此陆家父母曾经伤心欲绝，他们最大的心愿就是有个孩子，一个健健康康、活泼可爱、聪明伶俐的孩子去继承他们丰厚的家产。陆氏夫妇诚心祈求，广结善缘，拜遍了菩萨神庙，做了很多善事，最终如愿以偿有了一个美丽的女婴，这便是陆小曼。在民国九年版《樟村陆氏宗谱》上，陆小曼以女儿之身，不仅名列其上，而且还详载生辰，这是绝无仅有的，说不定也可算是中国家谱史上的一大奇观。

“从来富贵多淑女，自古纨绔少伟男”，意思是对待儿子要穷养，其实是对儿子一生的投资；对女儿要富养，其实是一类文化修养的投资。如果养的是女儿，便要尽可能地为她营造一个富足舒适的成长环境，从小使她对高质量的生活耳濡目染，这样培养出来的女孩子长大后会很有品位，会创造有情调的生活；如果养的是儿子，便要刻意使他尝试生活的艰辛，从小磨砺他坚强的意志，以备将来他能担当应尽的责任，从而成长为一个真正的男子汉。

每个生命来到这个世上，都带着属于自己的使命。我们无法知道属于我们这一生的宿命是什么，是福是祸，是忧是乐。人心是很奇怪和矛盾的，明知生有时、死有时，但每个婴儿来到这个世界上的时候，迎接他的，却总是热烈的企盼和庆祝。陆小曼是大家闺秀，在这种富足的家庭熏陶下，形成一种安然自若的形象，举手投足间优雅非凡，一颦一笑尽显淑女风范。陆小曼作为陆家唯一的女孩，出生便是高贵的，具有美丽的容颜与高贵的气质，备受欢迎。

所有孩子的优秀品行都不是从天上掉下来的，而是顺应环境条件培养出来的。女孩子最重要的莫过于一个健康平和的心态，一个温柔贤惠的性格，一种气定神闲的气质，一种睿智聪颖的形象。父母是女孩生命蓝图的缔造者、维护者，陆小曼天生敏锐、娇弱，像一朵娇嫩的花。她在出世之后，家里为她营造了一个安定优越的生活环境，一个温馨和美的家庭氛围，给她一个宽阔的视野，使之成长为一个知性且富有才情的女子。陆氏夫妇给予陆小曼的不仅是金钱的富足、丰裕，更重要的是爱的呵护、培育，像鲜花在盛启之前，精心地呵护。

陆小曼的父母就像当初所有上流社会的父母一样，十分重视女儿的教育，在女儿的教育投资上不惜重金。陆定算得上是一位财神爷型的人物，陆家有的是钱，舍不得让宝贝女儿进学堂，便把需要的老师都请到家里教读。家有娇女，便要从小多给于疼爱、满足其各方面的需求，所以陆小曼虽然没有上过学，但除中国文字颇具造诣外，英文、法文的口语笔译都流畅自然。在艺术方面，除写得一手绢秀的毛笔字外，她国画、京戏、舞蹈样样都行。再加上她从小口齿伶俐，长得像个小仙女，便赢得了“绝代佳人”的美誉。

陆小曼的母亲吴曼华自觉遵守女性性别角色，相夫教子。从这样一位有文化、有能力、十分贤惠的母亲身上，陆小曼颇为受益。她教育陆小曼遵守礼教，教育她怎样行为举止，督促女儿学习，亲自教女儿画画。陆小曼受母亲影响很深，也有几分惧怕母亲。母亲对陆小曼十分严厉，完全按照上流社会要求于淑女的标准教育陆小曼，既要她严守礼教，又让她学习上流社会一个女子具备的一切礼仪和知识，陆小曼从小的教育和后来的发展都是朝着做贵妇和名媛的标准按部就班进行的。

在小的时候陆小曼和巷子里的孩童一样，十分调皮。一次，父母交代她把唐诗中的名篇背诵六首。可是她没有完成父母布置的任务，便和女仆们嬉戏玩耍。晚上，父母要检查功课了，她一首也没有背过。其父气极，晚饭也没有让她吃，便将她捆绑住，她也不哭，从此循规蹈矩地读起书来，再不和家人胡闹了。她不像林徽因那样，被教育要做一个改造社会的职业女性。她们俩最初教育的出发点不同，因此她们本质上是完全不同类型的两种女性。前者是消极、享乐、玩世不恭；后者是做一个有益于社会的职业者，是女权的推动者，具有独立的人格。虽然陆小曼在行为上比林徽因更激进，更果敢，但那只限于爱情。男人是草，女人是花，而陆小曼却是水晶，璀璨而易碎，她不关心社会，更关注自己。

陆小曼作为家里的独苗，不可避免地沾染一些自我化的心绪，活泼的外表下却有着一颗敏感的心。小时候在捉迷藏时，有玩伴丢下她，一种被抛弃、被轻视、被愚弄的委屈顿时涌上心头，一向骄傲的她感到自尊心受到了伤害。儿时的印象是十分深刻的，很长时间里陆小曼都无法摆脱这种挫折感。类似的事件使得她很难与他人推心置腹，和睦相处。在被爱与自我中，使她容易任性、骄纵、盛气凌人，让人觉得高不可攀。

陆小曼，堪称万千宠爱于一身，精致生活、无忧无虑。陆氏夫妇从小要培养她的气质，开阔她的视野，增加她的阅世能力，增强她的见识。这个被“富养”的女孩，因此见多识广、独立、有主见、有智慧。等陆小曼到花一样的年龄时，就不易被各种浮世的繁华和虚荣所诱惑。她是一汪碧海，澄净透明却又深广难测。她可以在任何一个时代兴风作浪，她可以挑起所有男性潜藏的热情与欲望。

除了给孩子比较好的物质条件外，做父母的，更要帮助他树立一个远大的理想。陆小曼有才有貌，但她处在优越中时却无人生理想，甚至一生没有独立过，这也是家庭给予她的悲哀。她从小没有经历过世间的风雨与挫折，金枝玉叶离开了生存的土壤也是凡花一朵，她的世界，注定是悲剧性的。

3. 圣心堂里的“冰美人”

幼年的陆小曼总是喜欢寻一个晴朗的天气，独自坐在门楣下，安静仰头，细看指缝里的天空。阴、明、晴、暗，都能由她随意变幻，亦如此时自己因家富势足，便以为“拥有”与“掌控”是理所应当。

15岁那年，陆小曼转入北京圣心学堂学习。圣心学堂是法国人创办的，当时一般人叫它“法国学堂”。陆小曼所在的圣心学堂是一所极为典型的名媛学校，在当时的中国，禁锢女性数千年的封建枷锁渐渐被松动，男权社会所推崇的“夫为妻纲”“女子无才便是德”的腐朽伦常也正在被轰轰烈烈的女学运动推翻。此刻，许多思想开化的有识名流，也早早预见了这一趋势，他们纷纷将自己的女儿送入学堂，陆定便是其中之一。学生大都是居住在北京的外国青少年，附带招收少数中国学生，课程有英文、法文、钢琴、油画等。因为收费高，是贵族化的学校，多半是北京军政界部长级一类家的小姐才能进得去，如曹汝霖的女儿当年也在圣心学堂读书。

当时，比起中国人办的学校，陆小曼似乎更喜欢外国人办的学校。她活泼可爱，很快就适应了外国学校的生活，在这里天性能够得到充分的发展。对自幼便接受淑女教育的陆小曼来说，在法办的圣心学堂，无论英文还是法文都表现得出类拔萃，她能说会写，标准而流利。陆小曼除了能将西洋的钢琴弹奏得或铿锵或恬静，还能将中式戏曲把握得“离形而取意，得意而忘形”；她可以绘出一纸丹青的富丽明快，又能用油画绘出浪漫主义的色彩。从初次有些胆怯的当众演讲，到能够出口成章辩才无阂；从站在舞台上因表演生涩而无人喝彩，到成为主角用不怒自威的气场博得满堂彩；从只愿提工笔绘出金粉金沙的宁静，到学会游泳、骑马，动静皆宜。

越来越多的人开始关注这位多才多艺又气质如兰的妙龄女子，在周围人或是倾慕或是嫉妒的瞩目中，陆小曼更添了一份高贵。渐渐飞逝的时光将陆小曼打磨得愈发光彩照人。据磊庵的《陆小曼与徐志摩艳史》中说，北京的外交部常常举行交际舞会，陆小曼是跳舞能手，中外男宾，固然为之倾倒，就是中外女宾，好像看了她也目眩神迷，欲与一言以为快。而她的举措得体，发言又温柔，仪态万方，无与伦比。

徐志摩说：“一双眼睛也在说话，睛光里漾起心泉的秘密。”就连徐志摩前妻张幼仪也说她是个天生的美人胚子。从现存的老照片中，还能看到她那柔美婉约的样子。她是那种不上相的类型，照片远不如本人的风采。但是即使单从照片上看，那精致柔和的五官轮廓，婉约动人的气质和眉宇间的清丽脱俗，也是很不一般的。

她是如此出彩，不仅才艺出众，还出落得越来越漂亮了。江南女孩特有的光滑白皙的皮肤，衬着乌黑的秀发，一双眉梢上挑的眼睛水一般的澄澈，时时带着笑意，简单的学生装束掩盖不住她的水灵和魅力。上海女孩儿的聪明乖巧和北京女孩儿的端庄娴静融合在她身上，吸引着不少的男学生。每次参加剧院或中央公园的游园会时，她的身边总是围满了大献殷勤的男同学，这群人里有欧洲人，有北京权贵的公子们，还有名校的大学生，他们少时十几人，多时几十人，前呼后拥，像一群臣仆簇拥着他们高傲的公主一般，每个人都以能和陆小曼说上话、替她拿一次东西为荣。

陆小曼不但是美人胚子，才情更是卓越，超出同龄人。曾经有一位外国贵宾来到圣心学堂参观，漫步于学生作品的陈列长廊，观看着孩子们或尚欠火候、或构图参差的画作。辗转在一幅幅画作之间，毫无新意，参观者不免有些失落。突然，转弯处一幅山水油画，闯入了他的眼底，并吸引了他全部的注意。

这位外国友人与眼前的画作似邂逅老友般一见如故。在这幅画中，气韵、格调、底蕴、色调、形神兼备，处处体现的是一种“山为德、水为性”的品质，对于西方人而言，自然很难理解数千年中国绘画文化中沉淀下的修为意识。不过好在艺术是没有国界的，那构图中似有咫尺天涯，又有致远宁静。他无从按捺内心的激动，紧紧抓住随行人员的手，说道：“这是你们学校学生的绘画作品吗？太不可思议了！”随行人员回答道：“是的，这是我们学校的一名学生画的，画笔中要是有些不太好的地方，还望您多多批评指正。”

当时，这位外国友人笑着，摇了摇头，说道：“这幅画，我还怎么好意思指出错误呢？画笔苍劲有力，上色明暗得体，果真不错。”接着又赞叹道：“这幅画属西式油画，却处处彰显着中式的风范和意境，出自一位学生之手，实在是难得。”随即，这位外国友人直接向同行人员提出恳求，希望能收藏此画。

听到外国友人对此画的作者如此赏识，随行人员非常高兴，立即将这件事反映给校长，校长眼见自己学生的作品能得到如此认可与青睐，也很是自豪，举手之劳的成人之美他欣然应允。这位外国贵宾提出要付给作者报酬，校长拒绝，但是在校长的几番推辞下，外国贵宾还是支付了两百法郎给校长作为酬谢。而这幅惊艳之作的画者，便是陆小曼。也正是因此，陆小曼成为圣心学堂里最出色的中国女孩儿，顿时名声大噪。

聪明、可爱、活泼、机灵的陆小曼，十分善于表达，在圣心学堂极受欢迎，是学校各种活动和演出中的重要人物，也是男孩子眼中的“皇后”，许多年轻小伙子巴结、讨好她，但她却对他们趾高气扬、不屑一顾，骄傲得就像真正的公主。在那里，很多外国人非常喜欢她，称她为“东方美人”，中国的男学生们则暗地里封她为“校园皇后”。

4. 玩转翻译界的“外交明星”

这浮世有宁静有喧嚣，它们是两种风景、两个至极。而陆小曼却是喧嚣里的宁静，宁静里的喧嚣。其实，以现在的审美观来看，陆小曼算不上特别美，可在上世纪初的民国年间，她却有着“绝代佳人”的桂冠。陆小曼可谓是美人加才女，沉鱼落雁、闭月羞花、倾国倾城、冰雪聪明、兰心慧质，这些词语用在她身上，恰当得体。陆小曼，像一只在山花烂漫处展翅飞舞的蝶，翩翩起舞，影随身动，带给人无限遐想。

这只舞动的蝶是幸运的，因为幸运女神的光环时刻包围着她，各种各样的际遇总会眷顾她。在陆小曼于圣心学堂读书之际，北洋政府外交总长顾维钧需要一名精通英、法双语，又才貌出众的女孩去外交部从事接待外国使节的工作。这难倒了他的部下，说实话，在偌大北京城，找一个漂亮的女子，那是不胜枚举。找一个漂亮的，还要精通英、法双语的女子，就稍稍有点难度。只能将选拔的视角，放在北京颇有规模的西式学堂中。

外交总长的下属，首先选中了圣心堂。他们直接找到了校长，希望圣心学堂能推荐一位同时具备这么多优点和资本的名媛。这也难坏了校长，进行全校范围的征集。突然，他们看到了陆小曼的履历表。校长大喜，说道：“还选什么？看，陆小曼，不正是咱们需要的人才吗！”陆小曼被推荐上去，总长顾维钧非常满意。

陆定夫妇非常高兴，他们认为这是一个锻炼女儿能力的极好机会，便皆表示赞同。于是，年仅18岁的陆小曼便经常应外交部邀请去接待外宾、参加舞会，并担任随行翻译。时而落落大方，时而万种风情；可以雍容大雅，又有绰约风姿。很快，陆小曼的名号便响彻了北京城，在北京的上流社会里芳名远播。

在外交部工作，最为人所称道的便是陆小曼的聪慧与机警。同父亲一样，她也有着一颗赤诚的爱国之心。当时正值中国国力颓废，列强入侵之际，有些外国人往往出言不逊，蔑视中国。陆小曼，虽是一位纤弱的女子，但是她的爱国之心却是强烈的。在从事外交翻译的3年里，她曾几度遇见出言不逊、辱华、蔑华的外国人，每到那时，难掩气愤的陆小曼都会得体地用自己的智慧与圆滑，让对方或是哑口无言或是心悦诚服。

在陪同外宾观看文艺表演时，一个外国人看不懂京剧昆曲，竟毫不客气地说：“这么糟糕的东西，咿咿呀呀哼哼唧唧半天都不知道啥意思，怎么能搬上舞台！”陆小曼听后，愤懑难平，她未料到如此尽情尽礼的招待换来的却是对方的嘲弄讥讽，甚至直接质疑了中国的戏曲国粹。陆小曼面带礼节性的笑容，回敬了一句：“这些都是我们国家有特色的节目，只是你们看不懂而已，正如普通的中国人不一定能欣赏法国歌剧《茶花女》一样，建议你们多了解中国，就会知道这种戏曲的精妙了。”或许是感受到了陆小曼的微怒，又或是意识到自己措辞上的不妥，外宾有些歉意地看了看陆小曼，而后安静而认真地看完了整场表演，试着品味陆小曼口中戏曲的精妙与底蕴。

活跃在社交舞台上的陆小曼不卑不亢，用自己独特的魅力引得无数人注目，她则在其间游刃有余，用夺目的光芒宣扬着专属于她的美好。三年的外交翻译生涯是陆小曼人生中的又一个新起点，虽然她当时才17岁，在很多人眼里还完全是个孩子，但她却在工作中屡屡显示出随机应变的本事，用她的机智幽默竭力维护国家和中国人的人格尊严。

有一次，法国的霞飞将军在检阅中国仪仗队时，看到仪仗队的动作很不整齐，不由得皱起了眉头，面露轻蔑之色奚落道："你们中国的练兵方法，大概与世界各国都不相同吧！"

陆小曼的爱国之心被狠狠地刺伤，她备感汗颜羞惭，却又不甘就此认同。"没什么不同，全因为你是当今世界上有名的英雄，大家见到你不由得激动，所以动作无法整齐。"陆小曼用机敏的回答化解了尴尬，霞飞将军也不再纠缠于眼下仪仗队无章的步履，而是欣喜于中国人热情的欢迎，自此也对中国有了好感。

还有一次，在一个重要的节日宴会上，来的都是极有身份地位的人物，因为有个游艺活动，他们的孩子也被邀请来参加。宴会热热闹闹地进行着，席间觥筹交错，孩子们很少有这样不受大人管束的机会，所以玩得格外地高兴。正当他们兴冲冲地拿着气球玩的时候，一些外国人借酒取乐，用烟头去点中国儿童的气球，气球"嘭"的一声在孩子的手里炸响，吓得这些孩子大哭起来。而搞恶作剧的外国人则在那里捧腹大笑，嘲笑道："中国的孩子，胆子这么小，印证了他们的一句老话，叫'无胆鼠辈'，哈哈……"

此时正在喝酒的中国家长们，放下酒杯，看到自己的孩子受惊，一个个气愤不已，但是在这种场合下，他们需要顾全颜面，又不好发作。要知道在平常，这些孩子可都是被捧在手心里的宝贝疙瘩。他们本是极有身份的人，却只能眼睁睁看着自己的孩子受到外国人的欺负。陆小曼看了气愤不过，立即以其人之道还治其人之身，她走过去若无其事地把外国儿童的气球也点爆了。那些外国孩子，当即吓得屁滚尿流，比刚刚中国小孩的反应还要大，直接躲到了自己妈妈的裙摆下，不敢出声。陆小曼当即笑道：“看，你们外国孩子，也不见得胆子多大嘛！”

这下，刚刚还在嘲笑中国小孩的外国人，顿时目瞪口呆。他们自己理亏在先，只好哑巴吃黄连，有苦说不出了。中国的父母们都在心里暗暗地感激她做得好，同时也不免有几分担心。但陆小曼像什么事都没发生过一样，继续玩她的。她就是这样的个性，绝不忍气吞声。

对这份工作的胜任，使陆小曼赢得了周围人的肯定和赞许，就连外交部的顾维钧部长也曾当着陆定的面，对一个朋友说：“陆建三的面孔，一点也不聪明，可是他女儿陆小曼小姐却那样漂亮、聪明。”作为父亲的陆定听了这种话之后的得意和高兴就别提了。

5. 北陆南唐：名扬北平貌似花

繁华的盛年里，她如带着芬芳开了的花。睥睨双眸的冷冽、嘴角上扬的弧度，都是她的狡黠与高傲；云想衣裳花想容的美貌，人面桃花相映红的玉容，都是她的绝世面容。衣香鬓影正贪欢的陆小曼已是“天然妙目、正大仙容”。

其实，陆小曼并非人们想象中的妖艳女子和浓妆艳抹的交际花。在当时，她打扮雅致素净，赶时髦烫卷发的情况一点也没有，而是短短的齐耳直发，随随便便地梳在耳后，和那时的女学生没多大区别。

陆小曼清纯秀雅，如一朵出水芙蓉，身边的朋友几乎众口一词地赞美她。如胡适说陆小曼是“一道不可不看的风景”，郁达夫喻“陆小曼是一位曾震动20世纪20年代中国文艺界的普罗米修斯”，陆小曼的第二任丈夫、诗人徐志摩则诗意氤氲——“她一双眼睛也在说话，眼光里漾起心泉的秘密”。陆小轻的举措得体，发言又温柔，仪态万方，无与伦比。

刘海粟曾回忆第一次见到陆小曼的情况：当时从天津乘船到上海，闲来无事逛到甲板上看海景，正好陆小曼也在凝眸远眺。此时，在茫茫大海上，这位女子站在甲板上，衣袂长发随风飞舞。刘海粟顿时呆住了，他不知道怎样用文字来形容她的美丽，也不知道用画笔如何勾勒这一美人，简直是惊为天人。伫立良久后，他才缓过神来，对身边朋友挤出几句话：“从各个角度来看，只觉得她的风度姿态无一不合美的尺度，如作写生画，全是可取而难得的材料，惜乎没带画具，想来只有‘衣薄临醒玉艳寒’七字略可形容一二了。”民国初年的才女兼美女可谓不少，如林徽因、唐瑛、张爱玲等，陆小曼绝对能并列为四大天后——如果评选天后的话，其粉丝之疯狂程度绝对不亚于现在的追星一族。

凡是有陆小曼出席的晚宴或聚会，她便是满场独一无二的焦点。肩若削成、腰如约素、柔情绰态、罗衣璀璨，提唇含笑，亦能惊为天人。圣心学堂成了专属于她的舞台，一场名为“陆小曼”的风潮也正席卷而来。当她嫁给王赓，随夫去哈尔滨上任，也俨然大明星一般，风光无限。哈尔滨的大街小巷，都贴满了她的大幅海报和玉照。和徐志摩喜结连理，搬到上海居住，她更是名噪一时，一下子就成为上海交际圈中的核心人物。

北京社交界的熏染和锻打，再加上聪明伶俐和与生俱来的极高天赋，陆小曼超越了传统大家闺秀的局限，形成了自己独特的风格和意识，成长为一名真正的名媛淑女。经过几年外交翻译生涯的磨炼和塑造，陆小曼这块上好的璞，终于变成了光华夺目的宝玉。她的优雅得体和翩翩舞姿，令无数中外男宾为之倾倒，就连女宾们也很乐意和她交往。一旦舞会中少了她，几乎所有人都会大感失望。只要出现在舞会中，她立刻就会成为大家关注的焦点。她不再是那个在校园中凭傲气来一味抵挡男生追逐的单纯女中学生，经历了上流社会大场面的她成熟圆滑了，知道什么时候该微笑，什么时候该拒绝，什么时候该热情，什么时候该冷淡，交际场中的潜规则于她而言已经是驾轻就熟的事了。18岁的陆小曼很快就在北京的社交界里声名鹊起，红极一时。

社交生活俨然成为陆小曼生活中一个重要的组成部分了，名媛离不开社交界，社交场合之于她，就像水之于鱼，与那些年轻、英俊而又彬彬有礼的男士们共舞，受到他们的殷勤招待和赞美是年轻的陆小曼最热衷的事情，她喜欢在社交场合被人追捧、簇拥，像真正的公主一样高高在上，这么精彩的生活于她而言是那么的过瘾。她的热情大方、仪态万方，得体的谈吐配上她那明艳温婉的笑容、柔和的声音、轻盈的体态，使她总是成为舞会的焦点。她娴熟优美的舞姿，让其余的人很快自惭形秽。每当舞曲响起来时，彬彬有礼的中外男宾们总会涌到她面前争相请她跳舞，陆小曼当然也不会辜负他们的热隋，一曲接一曲地跳下来，她是这样的年轻，精力充沛，丝毫不感到疲倦，忘情地在舞池中旋转。

活跃在政坛上的父亲给她提供了良好的家庭出身，有雄厚的资金作为后台，也有令人瞩目的空间舞台供她发挥，成为一代名媛需要的所有条件她都一条不落地具备了，合适的阳光，肥沃的土壤，还有足够的营养使她顺理成章地红透了半边天。所以当时有南唐北陆之说，南唐是指名动上海滩的大美人唐瑛，而北陆指的当然就是大名鼎鼎的陆小曼了。这一南一北两大淑女名媛就这样平分秋色，各领半壁江山，在上流社会的交际圈里展示着她们的绝代风华，吸引着众人的眼球。

旋转……那副似乎天生就是为跳舞而生的柔曼多姿的身材，在时而轻柔时而热烈的音乐声中摇曳着，轻盈地旋转着，飞洒着飞扬的喜悦。闪烁的灯光、乐队的奏鸣、七彩的光线、浮动的暗香、俊男美女的面孔、奢华的衣饰……这一切都让她陶醉。恍惚中她感觉到身体轻到快要飞起来了。她就是喜欢这样飞扬的人生，这种飞起来的感觉。

此时的陆小曼，处于一个最美好的年代。却也正因这样的年纪，时光与现世一同将她裹挟，让其不得不直面另一段未可知的人生。而这个始终被称为“皇后”、高高在上不可一世的她，也第一次无能为力于自己将要踏上的轨迹。

刚满20岁的陆小曼，历经外交场合的三载锤炼，拥有“南唐北陆”的盛赞，更因秀丽容颜、华美舞姿声名远播，令整个北京城皆因她而倾倒。这样一个陆小曼无人能抗拒，也就无人不想将她拥有。能诗能画，能写一手蝇头小楷；能唱歌能演戏，舞又跳得那么好；有著名女子学校的学习经历，饱受中西文化的熏陶，不仅熟稔中国的古典诗词，还会讲流利的英文、法文；不仅能欣赏中国的传统剧种，还能弹一手好钢琴，兴致高时还能上台扮一回角色；不仅能画中国的山水人物画，还有极好的西洋油画功底。

连陆小曼自己也记不清楚，究竟是从何时起，家里的访客开始络绎不绝，进进出出皆是青年才俊、达官显贵。起初，陆小曼还能耐性有礼地恭敬相迎，没过多久，她便厌倦了千篇一律的客套应酬，选择躲回自己的房间里“眼不见为净”。闺阁里的陆小曼仍旧沉寂于自己的世界，端然地诵读诗书，时而挥毫泼墨。不去理会门外的世界，任凭它是怎样的喧闹。

6. 社交皇后：高官贵妇众星捧

林徽因是美人，陆小曼是尤物。男人们仰慕林徽因，膜拜有如女神；但却爱煞陆小曼，对她遐想无限。她们两个同为名门淑媛，自然有很多共同之处：比如出身富贵，自小便受到最好的西式教育；精通外语，谈吐得宜；加上天赋的貌美灵慧，是父母的掌上明珠。

论美貌，照片上的陆小曼颇令人失望，远不及林徽因的天生丽质那么有说服力。但据说真人是极美的，不但肤色白嫩、身姿娉婷，而且妩媚灵动，一双清澈的眼睛尤其善于放电。但凡见到她的人，都抵挡不住其眼波一转、莞尔一笑。

陆小曼的干女儿何灵琰通过近距离观察，得出结论：“她是一张瓜子脸，秀秀气气的五官中，以一双眼睛最美，并不大，但是笑起来弯弯的……她很少用化妆品，但她皮肤莹白，只稍稍扑一点粉，便觉光艳照人。她一举一动，一颦一笑，都别具风韵，说出话来又聪明又好听，到现在为止还没有再见到一个女人有干娘的风情才调。”

看来是黑白照片，掩盖了这位“一代才女，旷世佳人”的风华。比较而言，林徽因的五官更为精致美丽，而陆小曼的风情恐更胜一筹。

在外交部的生活，彻底改变了陆小曼。这段生涯给她掀开了一个五光十色的世界，也把她打磨成了社交界的明星。在外交部时，陆小曼常常会到一些豪华的场所参加舞会。她是个喜欢热闹的人，她喜欢兴奋、刺激的生活，每次出门去娱乐场所总是一班人前呼后拥地围着她，她就喜欢这种像明星一样的感觉。

经历婚变后，陆小曼与徐志摩一同南下上海。对她而言，像上海这样的大城市才是她可以施展的舞台，繁华热闹的大上海给她打开了一扇新的窗户，这里的灯红酒绿于她而言是那样的得心应手，她就像一尾鱼游进了大海，很快就找到了自己的交际圈子。有她的场合，男人们的眼睛都不由地贼贼发亮，她的一举一动都引领着时尚与潮流。

陆小曼是美的，再加上她谙熟交际场中的种种规则，如出手阔绰，结交名人、名伶，很快她便成为了社交界的核心人物。刘海粟这个西洋画大师，眼光该是很挑剔了。但他第一次见陆小曼，就被电晕了：“站在我们面前的竟是一位美艳绝伦、光彩照人的少女，啊！她就是陆小曼！”梁实秋也赞她：“面目也越发清秀端庄，朱唇皓齿。婀娜娉婷，在北平的大家闺秀里，是数一数二的名姝。”这样一位美人，来到繁花似锦的上海，可谓如鱼得水。

二十世纪二三十年代的中国，尤其是北伐战争胜利之后，国民政府于1928年定都南京，上海因为离南京近，所以借以大大地发展起来。相比之下，北平的繁华一落千丈，北平的名伶们在北平唱戏的好日子已经大不如前，只有靠出门跑码头，而上海就是他们去的第一大站。如梅兰芳在1920年和1922年在上海唱戏的月包银高达一万大洋，这是个很大的数目。

这些名角们给上海带来了正宗的京剧艺术表演，对上海的戏剧发展起了很大的推动作用，也给上海的本土京剧艺术家们如周信芳等人带来了挑战。在这种南北戏剧杂糅的过程中，京剧得以超前发展——由古典走向现代。同时，上海的民众也给予了这些外地的艺术家们以极好的回报。即使是普通的角色，在上海唱上一个月戏的所得，也能够支撑在京城生活上一年的时间。所以京伶们不仅最想到上海来演戏，而且还以此为荣，后来甚至到了“只有到上海唱红了，才算真红”的地步。

此时，上海戏曲天地的热闹和繁荣，对于爱热闹、爱走在时代潮流前面的陆小曼而言，可谓是如鱼得水。陆小曼天性爱玩，从学生时代起到嫁给王赓，她都是玩过来的，就是和徐志摩的相识也起源于那次交际场上的相遇。很多年来，她都是这么过来的，她已经习惯于活在别人的喝彩和艳羡的眼光里，她喜欢那种被众人捧着的兴奋享受的感觉，喜欢在生活中加入灯红酒绿的沉醉与刺激。

陆小曼非常喜欢看戏，也喜欢自己学着唱戏，尤其喜欢捧戏子。因为喜欢看戏，她在高级戏院常年包着雅座，并且经常很大方地邀请朋友们去看戏。看戏已经成为陆小曼生活中一项不可或缺的内容，只要隔几天不去戏院坐坐，她就会坐立不安，浑身难受。只要一去了戏院，听到锣鼓一响，即使身上有点病也立即就舒坦了不少。徐志摩对她这么痴迷于看戏也觉得有点头痛。徐志摩本身也是个戏迷，早年在北平上学时就经常去看名角的演出，但是他自己很节制，白天要正常地工作，耽误不起那个时间。

陆小曼要享受生活给她带来的刺激和乐趣，她早就习惯于成天泡在交际和聚会里的生活方式了，要她安安静静地坐下来，沉静地思考或者画画，简直太难了，只有在兴致极好的时候，她才会偶尔这样做。

7. 前脚未出闺阁内，名声已到华堂前

“前脚未出闺阁内，名声已到华堂前”改自一首打油诗，这首打油诗起初是贬义之意，是苏轼发难苏小妹、嘲笑苏小妹：“前脚未出闺房内，额头已到华堂前。”苏小妹不甘示弱，反唇相讥道:“去年一点相思泪，今年始流到嘴边。”对于这位绝代红颜陆小曼来说，她也是“前脚未出闺阁内”，但不是“额头”，而是“名声已到华堂前”。

自古英雄皆醉红颜，陆小曼便绝对称得上“红颜”。但这“红颜”二字却并非谁都能当，一句“貌嫽妙以妖蛊兮，红颜晔其扬华”直白地道出了那所谓“红颜”定是要有月貌花容之姿色，出众得会轻易将人蛊惑。

西汉李延年因作出一支《佳人曲》而为世人所熟知，其中“一顾倾人城，再顾倾人国”的名句更是千古流传。李延年这支《佳人曲》中所描绘的倾国倾城的女子正是其妹妹，也因为这支曲子，李延年的妹妹被汉武帝相中，入宫成了最得宠的嫔妃，人称为李夫人。陆小曼有数一数二的容貌，有颖悟绝人的智慧，最值得一提的便是她的多才多艺。想那武帝最爱就应是李夫人的舞姿，轻盈唯

美，那翩然风采宛若一个旋转就穿越了千年。同样的一身华丽，同样的宛转蛾眉，同样的披金戴翠，同样的翩若惊鸿宛若游龙，更是同样的北方佳人，绝世而立。霞衣席上转，花岫雪前朝。斯人一支妙舞，便是风花雪月的美好。仪凤谐清曲，回鸾应雅声。再配上一曲柔歌，即是风姿绰绰、雅韵翩翩。慢脸娇娥纤复秾，轻罗金缕花葱茏，便是那“世人有眼应未见”“试舞一曲天下无”的风流。

但凡能撩人心绪的美好，都会有那么几分相似。所以无论是相去千年的李夫人，抑或是衣鬓飘香正青春的陆小曼，她们都因冠绝一时的美艳、技压群芳的舞姿触动了无数人心中的柔软，也震动了那个时代的经纬方圆。

在陆小曼的外交生涯中，虽常因处世机敏圆滑为众人所称道，但真正让她大放异彩、名噪一时的则是她精彩绝伦的舞姿。伴随着闪烁霓虹、绕梁乐音，她先是熟络地与各方来宾推杯换盏，继而应着对方的邀请款款步入舞池。陆小曼的舞步轻缓，舞姿畅快，神情端庄而热忱。一身明艳华服的她肆意穿梭于舞池之间，就像一只花花世界里的花花蝴蝶。在北京外交部，这样一个大型集聚中心，各类交际舞会数不胜数。这一平台，为跳舞能手陆小曼奠定了舞动的基础。

于是，男人们为了一睹陆小曼的风姿而参加舞会，陆小曼也从不会让慕名而来的他们失望。最终，一传十、十传百，偌大的北京城里再没有人不知陆小曼的芳名。而女人们则是竞相模仿她，学着她舒展的舞步，学着她嫣然的巧笑，可不知为何就是学不来她的味道，便也只得在钦羡中作罢。

她的芳名，还与她自身的气韵有关。优雅的她配上一件优雅的乐器，弹肖邦时陆小曼静气凝神，徜徉于只属于她自己的精神世界，弹舒曼时陆小曼便会出神，沉浸于百年以前那个德国音乐家的独自“狂欢”；提笔作画时，水墨工笔、花鸟虫鱼；写得一手好字，蝇头小楷、自如草书；飞扬轻舞，会古典独舞、快步探戈……如此的多才多艺的女子，构成完整的陆小曼。

人们常说女人的魅力要靠男人来证明。陆小曼的美丽吸引着众多男性，他们甘愿拜倒在陆小曼的石榴裙下。陆小曼未出阁之前，就已经是北京“一道不可不看的风景”，其美丽才情已冠绝京城。所有人都以一睹陆小曼的绝世风采为荣。她小小年纪便在外交部工作并卓有成绩，是人人欢喜的女子。她会玩会跳舞会票戏，在社交场合如鱼得水。上至达官贵人，下至文人墨客，无不为之倾倒!简直惊艳到惊觉！她极聪慧又极美丽，知识渊博又极健谈，神态就越发俏丽！有陆小曼的地方，所有女人都黯然失色。

有“第一美人”之称的陆小曼，曾受到无数人的赞美和欣赏。很多男人都夸许陆小曼的美貌，就连女人对她也赞不绝口、羡慕不已。一位女性，在年纪轻轻时头上的光环就如此炫目究竟是一件好事还是一桩坏事呢？

名声，对一个女人来说是很重要的，可以成全你，也可以毁掉你。但名声的好坏该由我们自己的行动来定位。陆小曼是一个任性自在的人。她不在乎世俗的眼光与偏见，她只注重自己的性情。她聪颖，外貌清秀，多才多艺，同时又桀骜不驯，高傲得像一只孔雀。她是一朵“交际花”。那时，“交际花”是舶来的褒义词，多为出身豪门的名媛所属，经过系统有序的培训，集才艺与美貌为一身，令人艳羡。

浮华和赞誉也许会迷失她的心性，使她不再安于平淡的个人生活和家庭生活，她要时刻活在众人艳羡的眼光里，她要时时有人随侍左右，她要待在热闹中不肯出来，这一切会对她以后的家庭生活产生巨大的影响。家庭生活的平淡会让她不安于寂寞的心感到无趣，兴味索然，一旦家庭生活中的责任与她的社交生活发生冲突，她就会不假思索地捍卫她的社交生活。当然，这是后话。

第二章　为情所困：人前欢笑人后泪

首次婚姻，背人垂泪。一片秋叶的凋落，一个回眸的心动，一次同舟的际遇，亦都是几世修来的结果。只是，不会有人知道，她来，是为了赴红尘里的那场信誓旦旦的约定，是来偿还前世欠下的情债。

1. 父母之命：长大嫁作名人妇

张爱玲曾说，装扮得很像样的人，在像样的地方出现，看见同类，也被看见，这就是社交。在这样的社交场合，像样的绅士、淑女看到一个俊俏、窈窕、聪明、可爱、温柔、大方、多才多艺的女孩——陆小曼。这些像样的人们包括陆小曼的父母看出了这个女孩在婚姻市场上的价值，大家根据等量交换的原则，想着怎样把她嫁给一个相当的有前途的有权势的男人，因此说媒的人陆续找上门来。1922年，陆小曼已经19岁，到了女大当婚的年龄，到陆家提亲的人不是名门就是望族，送给陆定的礼物也是相当高级，塞北的鹿茸、东海的扇贝、江南的黄鱼、西域的驼峰都是成箱成柜地运来。

像陆小曼这样风华绝代的名媛，到了待嫁之时，来陆家说媒的人多得踏破门槛，但陆定夫妇坚决不肯轻易将陆小曼许给他人。陆定没有被这些糖衣炮弹给迷惑住，他很瞧不起“富二代”，觉得那些公子哥儿基本上都游手好闲，没前途，即便拎出几个有点才华的，也是喝花酒捧戏子的主儿。陆定夫妇想给陆小曼找一个严谨、忠诚，而且有着光辉前程的如意郎君。他们知道自己女儿的价值，除非一个将来可能飞黄腾达的男人出现，否则他们愿意继续等待。就这样左挑右选过了很久。一天，陆小曼的继父母唐在礼夫妇将一个英俊、挺拔的青年介绍给陆小曼的父母，这青年就是王赓，陆小曼的第一任丈夫。

说到王赓，不得不多写几笔。关于出身军旅的王赓，有些文人笔下，把他塑造成了一个“丘八”，甚至有人说王赓“拔枪威胁徐志摩”之类的鬼话。其实，王赓与徐志摩早年相识，当时徐志摩是影响力极强的诗人，王赓在政治上一帆风顺，担任五省联军总司令部参谋长。徐志摩横刀夺爱的时候王赓正在孙传芳手下做事。孙传芳素有“笑面虎”之称，吃人不吐骨头。王赓若是随便安排两个痞子兵，几颗子弹就能把诗人徐志摩解决了，看他怎么写出“悄然挥袖去，不携一片云”之类的诗。北洋割据乱糟糟的世道，军阀视人命如草芥，王赓深爱的女人陆小曼与徐志摩私奔，他退步成全二人，这是需要大度与宽容的。

王赓出生于1895年5月15日，从小家境一般，他发誓刻苦学习，重振门庭。其实王赓祖上也当过大官，只是到了他父亲这一代家道败落。他1911年从清华大学毕业被保送到美国留学，大概与金岳霖同年抵美。最初入密歇根大学，不久改入哥伦比亚大学，后到美国普林斯顿大学读哲学，1915年获普林斯顿大学文学士学位。王赓后来又到西点军校攻读军事，他入读的精英班只有五个人，几个哥们儿情同手足。第二次世界大战欧洲盟军统帅，美国第34届总统艾森豪威尔，便是同他一班。国外学习了八年，而且是由最优秀教育系统训练出来的王赓，刚回国就受到各方面的青睐。既有文科修养又有西点军校背景的年轻人，在军阀混战时期，必定是不可多得的人才，不知有多少地方急需这样的人才，他的前途无可限量。

王赓一回国就供职于陆军部。1918年巴黎和会期间，需要留洋的军事专家协助争取中国的权利，旋又任他为巴黎和会中国代表团上校武官，兼外交部外文翻译。可能正是在这个时候，他认识了在巴黎和会外围到处呼吁中国权益的梁启超。梁启超看重他的人品和才华，收他为弟子。1918年归国后，王赓升任航空局委员，1921年升职成了陆军上校。割据四方的诸侯都想把王赓召入麾下，奉天的张作霖、江西的孙传芳等屡次重金相邀——各种势力都想“抢”。1921年王赓成为陆军上校，正是在这个时候，唐在礼夫妇介绍他认识了陆小曼。1923年他任交通部护路军副司令，同年晋升为陆军少将。1924年底，他任哈尔滨警察厅厅长。短短的6年时间，他由一般青年步步高升，一步登天，可谓前途无量。这样屈指可数的人才，陆小曼父母当然看好。

当友人将王赓介绍给陆定和吴曼华时，有人如此描绘丈母娘看女婿：“陆小曼之母，看到有这种少年英俊……说这穷小子将来一定有办法，虽是王赓年龄长陆小曼七岁，但并无大碍，毫不迟疑地便把陆小曼许配了他。”

王赓本人相貌英俊谈吐不俗，而且丝毫没有纨绔子弟的不良嗜好，与陆小曼的婚姻是典型的才子佳人型——王赓家境差一些，属于超级凤凰男，不过小伙子自身优秀，以岳父的财力、社会地位作铺垫，假以时日成就一番事业想必不难。而陆家也找到了一只“潜力股”，王赓会给他们带来无尽的荣华富贵。

于是求婚很快被答应了，从订婚到结婚，不到一个月，人称“闪电结婚”。王赓与陆小曼的婚姻，是当时上流社会典型的绅士配淑女的婚姻。极有自信和野心的王赓需要一位中西融通、娘家财力雄厚、社交网络广博的太太相助开拓事业；而名媛淑女陆小曼则需要一位将来能够给她带来荣华富贵生活的丈夫，这是一桩利益均等的婚姻。当时的王赓虽然前途无量，但还是一个穷小子。而正处于鼎盛时期的陆家却财大气粗，因此婚礼的一切费用都由陆家负责，婚礼的一切仪式也由陆家安排。陆小曼的婚礼震惊四方，婚礼在“海军联欢社”举行，仪式之浩大，场面之阔气，轰动京城。女婿家穷一点不要紧，人品好、有前途是最重要的。当时的报纸登载：“光女傧相就有九位之多，除曹汝霖的女儿、章宗祥的女儿、叶恭绰的女儿、赵椿年的女儿外，还有英国小姐数位。这些小姐的衣服，也都由陆家定制。婚礼的当天，中外来宾数百人，几乎把‘海军联欢社’的大门给挤破了。”

1922年，陆小曼风风光光地嫁了，让女伴们艳羡不已。王赓可是那种“倚马靠斜桥，满楼红袖招”的超级型男，兼具坐怀不乱柳下惠的品质，怎能让人不生妒忌？作为一个女人，人生的最大目标已经实现，此后就是做一个贤妻良母，相夫教子，这就是女人们的生活轨迹。外交部的事当然也是不能做了，如果她还抛头露面在外头做事，那还像什么样子，丈夫的面子往哪里搁？有本事的男人当然要让妻子待在家中，受着供养，也受着约束。她们是皇后，也是奴隶。而妻子，特别是一个有前途的男人的妻子，唯一可做的事情就是乖乖地待在家中，生儿育女。大门不出，二门不迈，安分守己，这才是女人的本分，才是好太太该做的事。可对陆小曼来说，未必是幸运。

在这场婚姻中，陆小曼自始至终是一个被摆布的木偶，但陆小曼也是同意的。对于婚姻，19岁的陆小曼没有太多的想法，毕竟婚姻于她而言还是个从未涉足过的领域，婚姻的重大意义，婚姻将带来的影响和改变，她懂的能有多少呢？陆小曼的婚姻，是当时上流社会典型的绅士配淑女的婚姻、才子佳人的结合，合情合理。他们互相看到的都是对方的表面，婚后才发现性格和人生态度反差太大。

但是在当时，不管是1915年徐志摩与张幼仪的婚姻，还是1922年陆小曼与王赓的婚姻，20世纪初的年轻人，他们的婚姻大体还是父母之命，媒妁之言，他们对自己的婚姻是不做主的。只有结婚以后，发现实在不能凑合，痛苦不堪时，才不得不起而反抗，要求离婚，那也只是寥寥几个叛逆者，如徐志摩、陆小曼等。

2. 背人垂泪：聚少离多意难合

首次婚姻中，19岁的女孩儿谁不虚荣，陆小曼恐怕也有过骄傲的时刻，但蜜月一过，她很快发觉自己并不快乐。婚后的生活逐渐归于平淡，陆小曼觉得自己不快乐，婚前的她生活在众星捧月之中，有那么多追求者殷勤备至地关怀，而婚后的她失去了不少的自由，丈夫王赓的表现更是让她失望到了极点。

王赓在美国待了多年，一切都按西式的工作方式行事，生活中一丝不苟遵循着军校习惯，什么时间工作，什么时间娱乐，泾渭分明，对自己要求极严，是一个尽心尽职的军官。周一到周六是工作日，绝不娱乐，每天早出晚归，在家里除了吃饭看书就是睡觉，根本不会带新婚燕尔的妻子出去逛街兜风，抽不出半点儿时间陪陪新娶的娇妻玩一玩，而是把家中寂寞无聊的妻子撂在一边，他的行为刻板到苦行僧的地步。到了周末，他也想不出什么花样来讨好憋了一肚子气的妻子。在对付女人的问题上他简直是笨拙得要命，不会笼络也就罢了，他简直连笼络的想法也没有。

想想陆小曼也真够郁闷——被捧惯了的美人儿，嫁给了一根不懂风情的木头。王赓更是个工作狂，坚决早起早睡，平时也不喜欢参加聚会。在所有人的眼中，他是一个尽职的军官、公民、男人，所有人对他的印象都十分好。当然，王赓做这一切都是为了自己的仕途，但所有的男人不都是这样被教育的吗？服务于统治集团，随时讨得上级的青睐，为了提升，为了满足他的成就感和虚荣心，好给妻子更好的生活。也许是一贯以来形成的军人生活习惯，王赓几乎把全部的精力都花在了他的工作上。

当时有人说他不解风情，每回到家之后，不去和妻子温存温存，而是直奔书房而去，一看书就是几个小时，手不释卷。磊庵在《徐志摩与陆小曼艳史》中说他："谁知这位多才多艺的新郎，虽然学贯中西，对与女人的应付，却完全是一个门外汉，他自娶到了这一如花似玉的漂亮太太，还是一天到晚手不释卷，并不分些工夫去温存温存，使她感到满足。"

尽管他对陆小曼也是喜爱有加，但常常是"爱护有余，温情不足"，更多的时候，倒像大哥哥爱护小妹妹一样对她。而陆小曼是一个任性、多情，被男人宠坏了的女人，喜欢玩、又玩惯了的女人，她渴望丈夫的百倍呵护和百依百顺，渴望丈夫的温存和浪漫，渴望他天天能带自己出去玩。然而丈夫偏偏不善解人意，整天就知道为他的仕途着想，把老婆娶进来就不管了，冷落在一旁，放在家里面当摆设。陆小曼需要自由，需要激情，要飞得更高。夫妻间在性格方面的差异，导致了矛盾的激发，日积月累，两人变得越来越疏远、冷漠，甚至成为怨偶。

如果是个一般传统的女人，也许对丈夫的冷落只会背地里生气，也许还会为丈夫的进取心而感到骄傲，丈夫的一切努力都是为了提升，丈夫会因而有成就感；而夫贵妻荣，同时也可以满足她的虚荣心，她应该为这样的男人骄傲和自豪，女人应该理解男人、支持男人才对。

可陆小曼已不是母亲辈的名媛淑女，她接受了现代的西式教育，受到西风的长久熏染，又涉足交际界多年，过惯了明星一样被捧追的生活，懂得什么是快乐和飞扬，也有了自我的启蒙，让她再回到家中，像笼中鸟一样生活，已经不可能。她不能忍受这种被冷落的生活，她希望丈夫多关心、体贴自己，多分一点时间陪伴自己，她渴望爱情，需要被男人呵护，她不想忍气吞声，甘于一个花瓶和摆设的角色。对于新女性来说，活着已不仅仅是为了丈夫和孩子，她还要张扬个性，还要找到快乐的感觉。陆小曼曾在日记中写道："她们看来夫荣子贵是女子的莫大幸福，个人的喜、乐、哀、怒是不成问题的，所以也难怪她（母亲）不能明了我的苦楚。"

陆小曼不是这种自我牺牲的女人，受过西方文化熏陶的她自我意识很强，她想做一个新时代的新女性，解放自己，从厨房厅堂里走出来。陆小曼内心也是苦楚的，苦楚是因为没有爱情，没有自由恋爱的权利，而所有人都要求她做一个好妻子，所有人都对她指手画脚，没有一个人真正关心她的需要和感受。她虽然是一个新女性，但社会还是旧社会，她的自由是相对的。但她却不认这个理，她是那样任性，她要过她想过的生活。于是，这必将和社会和他人冲突。

她不管丈夫高兴与否，经常与一群小姐太太们一起出去吃饭、打牌、跳舞、唱戏，将夜生活过得相当丰富。总之，新婚不久的陆小曼对王赓很不满，而且这种不满愈演愈烈。她要反抗这种生活，于是她每天沉迷于交际活动当中，与一些悠闲的权贵千金、太太们凑在一起整夜整夜地打牌、捧戏子、跳舞、唱戏，耽于五光十色的夜生活之中。她常常是快天亮了才回家，白天有一大半的时间在睡觉，到下午才起床，起床后又要梳妆打扮，为新一天的夜生活做准备了。她对什么都漠不关心，过着名媛富足而百无聊赖的生活，生活没有目标、没有信心，对什么都漠不关心。

王赓虽然不能常在家中陪伴她，但对她的生活方式和人生态度并不满意，因此常常劝她不要出去，免得把身体搞垮。其实关心是一方面，更重要的一面是不愿意妻子抛头露面，不愿意妻子惹事。陆小曼后来的第二任丈夫徐志摩也是这样，希望妻子乖乖待在家中，因为这才是传统意义上的好妻子，守着丈夫。见到这种情况，陆小曼就会大发脾气，因为没有人了解她的心理和感受。她向王赓诉说自己一个人在家多么无聊、多么难受，不出去玩又能做什么，怎样打发时间？任性的陆小曼说到气愤处就会恶语相讥，为了出气专拣难听的话说，时间久了互相伤了和气。陆小曼为此也很痛苦，但又无可奈何。

陆小曼是个极要面子的人，婚姻的不幸福埋在心里，无人可诉，她只能借酒浇愁，借交际转移注意力。陆小曼曾在日记中写道：“其实我不羡富贵，也不慕荣华，我只要一个安乐的家庭、如心的伴侣，谁知连这一点要求都不能得到，只落得终日里孤单的，有话都没有人能讲，每天只是强自欢笑地在人群里混。”

王赓的脾气也并不是太好，性情有点急躁，能为一点小事而和陆小曼犯急。结婚不到半年，两人便屡屡发生争吵，分歧日甚。

国内电视剧把陆小曼演成个交际花，是粗浅的处理。说她是社交名媛，不外是说她时髦奢华，活泼美丽，驰名于十里洋场，受人欢迎。当然，她天生的不知节俭不爱惜金钱，给徐志摩带来了不少烦扰。人们很容易同情徐志摩：老婆要是能勤俭过日子，老公何至于北京上海的飞来飞去，也就不会遇难而死了吧。可是，名媛犹如名花，不见得一个个都是既上得厅堂，又下得厨房。陆小曼就是陆小曼，她喜欢快乐自由的生活。

陆小曼的独立性格，看起来比林徽因更彻底更果敢，不过在当时却只是表现为爱情上的任性，她不曾像林徽因那样，执意做一个改造社会的职业女性。这也许跟家庭教育的不同有关。陆小曼的父亲，从富商成为政界要人。林徽因的祖父是光绪年间进士，翰林院编修，父亲留学日本，是民初立宪派名人。也许，在她们身上也多少带着点北京与上海的区别。

不过在一个资料里还有一种说法，那是陆小曼晚年的学生、篆刻家王亦令写的《忆陆小曼》，里面为陆辩解说："有一件事陆小曼亲口告诉琴（王亦令的妻子），今天为了证明陆绝非生性浪漫，喜爱风流的人，不妨把它公开。她初嫁王赓，虽出于父母之命，但也并非违背己意。……后来破裂的原因，正是由于王赓体力过人，可以整夜贪欢，而陆小曼觉得无法适应，遂告仳离。"

王亦令与陆小曼交情几十年，他居然说二人闹别扭是因为王赓对房事过于热衷而陆不堪其扰，根本不是陆贪玩成性。不过斯人已逝，外人更难辨真假了。

3. 情窦初开：恨不相逢未嫁时

结了婚，对于一个女人而言，人生最重大的事情已经完成。在传统社会里，女人婚后的天地就是家庭，做一个贤妻良母，相夫教子。新婚的陆小曼就像大海中的一叶小舟，被风浪颠来颠去，完全是被动的，她与丈夫性格爱好差距太大，话不投机，格外能感觉到家庭如围城的痛苦，她渴望冲出围城，获得自由。这时风流倜傥的大诗人徐志摩像天外来客一样闯进了陆小曼的生活。

徐志摩，但凡接触过新诗的人都知道，这是一位不可多得的才子，他是金庸的表兄，浙江海宁市硖石镇人。1915年毕业于杭州一中，先后就读于上海沪江大学、天津北洋大学和北京大学。1918年赴美国学习银行学，三年后成绩优秀，远赴英国剑桥大学研究政治经济学。他在北大期间拜梁启超为师，还举行了隆重的拜师大礼。在剑桥两年深受西方教育的熏陶及欧美浪漫主义和唯美派诗人的影响。徐、梁虽为师徒关系，但二人的思想差别很大。已经接受了资产阶级民主自由思想的徐志摩，不顾一切，舍命追求他的理想人生，他要争取恋爱婚姻自由。

在与陆小曼结识之前，他有过两段感情经历。徐志摩奉父母之命与张幼仪结婚后，深深感到和妻子之间缺乏感情。1920年至1921年间，徐志摩在伦敦认识了“人艳如花”的才女林徽因，随后谈起了恋爱，这才是他想象中的理想女人——美丽、纯洁、天真、活泼。他们两人在英国度过了一段快乐时光。回国后，他仍忘不了这个清新脱俗的“林家女孩”。

徐志摩的结发妻子张幼仪，是个贤惠、能干、持家的女人，但不适合徐志摩这样的浪漫诗人。为了追求林徽因，1922年3月，徐志摩在柏林与张幼仪离婚。但林徽因回国后经过权衡，与梁启超的儿子梁思成订了婚约。泰戈尔来华期间，徐志摩得以和林徽因再次接触，重燃旧情。但林徽因此时心意已决，不久便和“准丈夫”梁思成出双入对，共赴美国求学。徐志摩因此灰心到了极点，老婆没了，恋人没了，两脚踏空。就是在这样一个时候，徐志摩遇到了同样忍泪度日的陆小曼。他们的相遇，使他们的忍泪和灰心渐渐化成了愉悦和希望，这段万众瞩目的惊天爱情就此拉开了序幕。

泰戈尔64岁生日时，京城名流排演了诗剧《齐德拉》，为他祝寿。在协和医学院礼堂，林徽因扮演齐德拉公主，徐志摩饰爱神。那时徐志摩深情的眼里，应该只有扮相美艳的林徽因吧。他并不知道，他即将爱得死去活来的一个女人，此时也在这里。

很巧，陆小曼此时正站在礼堂门口，发售演出说明书。当晚一个叫赵森的粉丝，记下了她当时的模样：“在礼堂的外部，就数陆小曼一人最忙，进来一位递上一册说明书，同时收回一元大洋。看她手忙脚乱的情形，看她那瘦弱的身躯，苗条的腰肢，眉目若画，梳着一丝不乱的时式头——彼时尚未剪发——斜插着一枝鲜红的花，美艳的体态，轻嫩的喉咙，满面春风地招待来宾，那一种风雅宜人的样子，真无怪乎被称为第一美人。”

陆小曼，在交际圈里的名气倒是越来越大了，著名的画家刘海粟就是在此时经由胡适的介绍认识陆小曼的。他曾写文章记录下第一次见陆小曼的情景：当底下人通报说“小姐就来”时，我纳闷：我们要见的是一位太太，就是还年轻，怎么叫“小姐”呢?谁知站在我们面前的竟是一位光艳绝伦、光彩照人的少女。“啊！她就是陆小曼！”我在心里自己回答，“这位女士真配叫陆小曼!”

这就是刘海粟对陆小曼的第一印象，刘海粟是著名的画家，对美人的鉴赏能力想来不会差，他的评价也应该不会太失真。无论是从他的话里，还是从胡适先前的评价里，陆小曼当时的魅力，可见一斑。

他们是一个圈子里的人，迟早都要相遇的。王赓也是梁启超的弟子，交友魅力无穷的徐志摩，很快就和王赓混熟了。当时新月社活动很多，徐志摩、胡适、王赓夫妇等经常一起玩。

徐志摩参加京剧义演，扮演《春香闹学》里的老学究。恰巧，陆小曼在这出戏里扮演丫环。京剧原本就讲究坐念唱打，扮相、眼神、表情、动作都是极有风韵的。陆小曼的风情，透过一身古韵，一下子勾走了徐志摩的魂。当时，一定是一种眉目脉脉、石火电光的感受。

俗语说得好，“自古才子多风流”，用在徐志摩身上相当贴切。舞会上徐志摩见到陆小曼时，立刻被她的气质所吸引。两人相识交谈之后，徐志摩更是为陆小曼所折服。徐志摩那时候正处在追求林徽因失败的低谷中，憋得阴阴郁郁，才气浑身乱串就是找不到宣泄口，遇到了陆小曼后，将他那肆意汪洋的诗情给引了出来，如滔滔江水绵绵不绝，如黄河泛滥一发而不可收拾。

此后徐志摩经常拉着胡适以各种借口去找陆小曼，要么是上戏院，要么是赶舞会。他们两个，一个是窈窕淑女，情意绵绵；一个是江南才子，风度翩翩；一个是朵含露玫瑰，一个是首抒情的新诗；干柴碰上烈火，怎么会不迸发出爱情的火花？跟陆小曼慢慢混熟后，徐志摩连胡适也不叫了，成了王赓家的常客。徐志摩和王赓都是梁启超的弟子，算是同门师兄弟，王赓专注于自己的工作，也很欣赏徐志摩，更乐得有人伺候娇妻。陆小曼想出去玩，他就说：“我没空，叫志摩陪你去吧。”当徐志摩来邀请他们夫妇出去的时候，他就说：“我今天很忙，叫陆小曼去陪你玩吧。”

王赓根本就不会想到这样处理会产生婚姻危机。就这样，徐志摩与陆小曼在王赓首肯的大好形势下一起玩耍。他们游长城，逛天桥，到来今雨轩喝茶，去西山上看红叶，忙得不亦乐乎！时间一长，徐志摩无可救药地迷上了陆小曼，陆小曼喜欢打牌，徐就陪她打牌；陆小曼喜欢听戏，徐就陪她听戏；陆小曼喜欢画画，徐就给她介绍北京画画的名家，还求好友刘海粟收陆小曼为弟子。陆小曼古文底子厚实，亦能填词作诗，对才华横溢的徐志摩自然十分敬仰，逐渐情愫暗生。这样你陪我、我陪你，郎才女貌，难免产生情感。

蒙在鼓里的王赓毫不知情，这年他被调任为哈尔滨警察局局长，要妻子随同前往，陆小曼不好拒绝，只得依依不舍地与北京的友人告别，到哈尔滨住了一段时间。由于陆小曼当时是名满京城的社交界人士，她到哈尔滨后，冰城的大街小巷到处贴满了她的海报。

冰城显然没有北京繁华，陆小曼很快就不适应了，不多时便回了北京娘家，与王赓分居。王赓无奈，只得写信托付好友胡适和张歆海（徐志摩前妻张幼仪的哥哥）照料陆小曼，信中写道："谢谢你们两位种种地方照顾陆小曼，使我放心得多。"

也不知道王赓是怎么交的朋友，连胡适跟陆小曼也擦出过一些火花。

1925年6月14日，北大教授吴虞在开明剧院曾看到一幕，并写在了自己的日记中："立三约往开明观剧，见须生孟小冬，其拉胡琴人为盖叫天之拉胡琴者，叫座力颇佳。胡适之、卢小妹在楼上作软语，卢即新月社演《春香闹学》扮春香者，唱极佳。"

文中所写的"卢小妹"即影射陆小曼，尤其值得玩味的是"软语"二字——北京当年的戏院，楼上大都是包间，在包间而作软语，可以想见两人关系之亲昵。当年甚至有传言，说最初是胡适看上陆小曼，无法跟太太离婚，陆小曼才转而许身徐志摩的——胡适的老婆动辄以拿菜刀杀了俩儿子然后自刎要挟，胡博士经不起吓。

胡适怕老婆，徐志摩可不怕。跟陆小曼在一起的日子里，徐志摩文思泉涌，说出的情话更是相当具有轰炸力："我的诗魂的滋养全得靠你，你得抱着我的诗魂像母亲抱孩子似的，他冷了你得给他穿，他饿了你得喂他食——有你的爱他就不愁饿不怕冻，有你的爱他就有命！"他毫无顾忌地向世人宣示自己对陆小曼的爱。

4. 爱无界限：翡冷翠的一夜

张爱玲曾解释什么是爱——爱是于千万人之中遇见你所遇见的人，于千万年之中，时间的无涯的荒野里，没有早一步，也没有晚一步，刚巧赶上了，这就是缘分。

陆小曼与徐志摩之间的爱，是无界限的，结识在翡冷翠的一夜。他们的情感是真挚的，不是逢场作戏。陆小曼在《爱眉小札》中写道："在我们（她与志摩）见面的时候，我是早已奉了父母之命媒妁之言同别人结婚了，虽然当时也痴长了十几岁的年龄，可是性灵的迷糊竟和稚童一般。婚后一年多才稍微懂人事，明白两性的结合不是可以随便听凭别人安排的，在性情和思想上不能相谋而勉强结合是人世间最痛苦的一件事。当时因为家庭间不能得着安慰，我就改变了常态，埋没了自己的意志，葬身在热闹生活中去忘记我内心的痛苦。又因为我骄蛮的天性不允许我吐露真情，于是直着脖子在人面前唱戏似的唱着，绝对不肯让一个人知道我是一个失意者，是一个不快乐的人。这样的生活一直到无意间认识了徐志摩，叫他那双放射神辉的眼睛照彻了我内心的肺腑，认明了我的隐痛。"

陆小曼的婚姻生活是不快的、痛苦的、得不着安慰的。她感到随时随处都有一张大网网着她，使得她手脚伸不开，痛苦极了。她不自由，这是她们这一代曾得到过自由，婚后又失去自由的名媛淑女们的苦恼。她认为自己的生活是虚假的、自欺欺人的，她需要满足内心需求的生活，需要生活中的"真"。

她性格活泼，爱玩闹，需要男人温柔体贴地哄着、宠着，而作为军人的王赓却不解风情，严肃有余，活泼不足，一心一意把精力投在工作和前程上。王赓是父母看上的，是他们押的宝。她生活在牢笼中，生活在铜墙铁壁中，生活在张开的大网中，几乎窒息得喘不上气来，可是没人理解她，也没有理睬她的感受。她对婚姻的浪漫想象完全被现实击碎，两人结婚不久就开始争吵。

风流倜傥的诗人徐志摩此时如天外来客，闯入了她的生活。刚从美国归来的徐志摩，正在中国文坛上大出风头，那源头活水一样的激情和跳荡不止的青春活力，一下子就征服了陆小曼同样浪漫多情的心。徐志摩所拥有的，刚好是丈夫王赓所缺乏的。陆小曼曾告诉徐志摩：从前，她只是为别人而活，从没有自己的生活，她的生活都是别人安排好的，是别人要的，不是她要的。陆小曼向徐志摩敞开心扉，说出她的希望和失望、她的情感和期盼、她的苦恼和痛苦。恋爱中的徐志摩，为这个自己爱着的、最纯洁最可爱的灵魂所受的苦而不平，要为她申冤，帮助她。

时间在恋爱的人眼里轻快地掠过，不经意间他们的感情已经到了难舍难分的地步。恋爱使人振奋，爱情唤醒了诗人久久压抑的诗情和活力，给了他新的生命。此时的徐志摩，在北京石虎胡同七号和一批志同道合的人办起了"新月社"，想在文艺界杀出一条血路，干出一番不寻常的事业来。

新月社的操办花费了徐志摩不少的心思，布置得相当雅致：有大量的书报，有琴有棋，有沙发躺椅。他们那一帮热爱文艺的社会名流常常在这里吟诗作画，抚琴，喝酒，下棋，通过热烈的讨论交流思想。他们还举办了许多的活动，新年有年会，元宵节有灯会，端午节举办诗会，中秋节有赏月会……这是一个沙龙性质的聚会场所，徐志摩就住在这里面。

陆小曼也加入了新月社，于是，新月社就成了他们约会的地方。石虎胡同的夜晚是寂静的，对于相恋的人来说是再好不过的场所，除了徐志摩之外，这里空空的，只有一个既聋且哑的看门人，他们只需约好暗号，在门铃上做一下手脚，就可以瞒过许多人的眼睛，在温馨的书斋里促膝而谈，围炉静坐。徐志摩一个人在北京住着，无人照料，生活不免马虎，陆小曼就从家里带来许多好吃的，两个人就着炉火温一点酒对酌，这样的日子多好啊，没有闲人的打扰，没有世俗窥探的眼睛。一个浪漫风流，一个如花美眷。他们一起外出欣赏美景，春天西山满山遍野的杏花，让他们怦然心动，陶醉其中。他们分享着眼前的美景和各自的感受。他们一起唱戏义演，分享成功的喜悦。他们一起喝酒聊天，袒露胸襟，说出自己最隐秘的痛苦和喜悦。

就在这样的夜里，他们互订了终身，一个准备和丈夫离婚，一个准备向家里摊牌。时间在不知不觉中过去，该是陆小曼要回家的时候了，两人相拥在一起，依依惜别。在徐志摩的书信里，称那个互订终身的夜晚叫“翡冷翠的一夜”，陆小曼登车而去，徐志摩站在风中目送她渐渐消失在无边的黑夜里。

剩下来一个人的时候怎么睡得着呢?别忘了徐志摩是个才华横溢的大诗人，激情澎湃的他在辗转反侧无法入睡的静夜里，依靠着陆小曼给他带来的灵感和激情，写下一首又一首脍炙人口的诗句。如《雪花的快乐》：

假若我是一朵雪花，
翩翩的在半空里潇洒，
我一定认清我的方向
——飞扬，飞扬，飞扬，
这地面上有我的方向。
不去那冷寞的幽谷，
不去那凄清的山麓，
也不上荒街去惆怅
——飞扬，飞扬，飞扬，
——你看，我有我的方向！
在半空里娟娟的飞舞，
认明了那清幽的住处，
等着她来花园里探望
——飞扬，飞扬，飞扬，
——啊，她身上有朱砂梅的清香！
那时我凭藉我的身轻，
盈盈的，沾住了她的衣襟……

他为她有这样的性灵和觉悟而惊讶和赞美，他鼓励她要“力争自己的人格”，要搏斗，寻找自己需要的生活和爱人。他灌输给她新的理念和思想，使她觉醒。她说：“这样的生活一直到无意间认识了志摩，叫他那双放射神辉的眼睛照彻了我内心的肺腑，认明了我的隐痛，更用真挚的感情劝我不要再在骗人欺己中偷活，不要自己毁灭前程，他那种倾心相向的真情，才使我的生活转换了方向，而同时也就跌入恋爱了。于是烦恼与痛苦，也跟着一起来。”

陆小曼和徐志摩共同跌入了恋爱的漩涡。遇到陆小曼的时候，正是徐志摩异常痛苦、绝望、灰心的时候。他苦苦追求林徽因4年而不得，林徽因的走，几乎带走了他的一切希望和生趣，将他打入18层地狱。他是一个灰心的失败者，在情感的地狱中受着煎熬，这不是他要的生活。他要打破这痛苦、灰冷、沉闷的生活，他要一个女人温暖的手抚平他心灵的创伤，安慰他破碎的心，重新给予他快乐的感觉。徐志摩说：弱水三千我只取她那一瓢饮。北京城里的千金小姐千千万，他非她不娶。为了得到她，他说：“我有时真想拉你一同死去。我真的不沾恋这形式的生命，我只求一个同伴。”

徐志摩完全被陆小曼迷住了，她为陆小曼在《春的投生》中写道：“桃花早已开上你的脸，我更敏锐的消受你的媚吞咽你的连珠的笑；你不觉得我的手臂更迫切的要求你的腰身，我的呼吸投射到你的身上，如同万千的飞萤投向光焰？这些，还有别的许多说不尽的，和着鸟雀们的热情的回荡，都在手携着手的赞美着春的投生。”为了他们的恋爱，徐志摩什么都不怕。这就是徐志摩的情感——热烈、执着，这就是诗人徐志摩。

5. 爱曼心切：徐志摩无奈远行

历史几多巧合。不知1925年3月北京的天气如何，大抵是桃花盛开的日子。在春日将近时，一个有月光的夜晚，两个才华横溢的女子都在写情书。一位是自称小学生的许广平，她白天听鲁迅上课，晚上给鲁迅写了第一封情书。同一天晚上，陆小曼给徐志摩写下了第一天的日记，虽然是日记，却也只对徐志摩倾诉，一样的，也是一封情书。

在这篇日记的开始一句，陆小曼写道："我现在起始写一本日记，实在不能说是什么日记，叫'一个可怜女子的冤诉'吧。"对陆小曼来说，见不到相爱的人，小河的轻轻吟唱都成了为爱唱的情歌，多少故事只因为有爱的人才格外精彩。想念不觉冷，有爱的天空霞光万道。于是在每个孤军奋战的日子，陆小曼都会幻想着自己心爱的人会不会踏着馨香的玉兰，带着温柔的气息，自天外飞来。不相见的日子，有想念也是幸福的。

这两个内心极端孤独痛苦的人，发现对方都是心地单纯，极其美好的人，于是他们同病相怜，互相需要。这样互相慰藉的两个男女，天长日久，竟生发出深厚的情感，激发了强烈的爱情，他们发现不能没有对方。他们发现已经离不开对方。爱情是如此甜蜜，爱情使她们快乐无忧；爱情是这样美妙，他们发现自己还没有真正爱过，这就像是他们的初恋。

徐志摩倾慕于她的眼波流转，倾心于她的愁容不展，青睐于她的翩然风采。他的内心几度纠结挣扎，不知是该向道德妥协与那已为人妻的女子保持礼貌的距离，还是遵从自己的内心来一次轰轰烈烈的“反叛”。后来，他为自己找了个“冠冕堂皇”的理由——要遵从自由，要尊崇爱情。于是，他本能地接近着陆小曼，浪漫的氛围在彼此间遮掩了四起危机的气息。

世上没有不透风的墙，很快，他们的恋情就被察觉了。于是在北京和上海的文化圈里掀起了一场巨大的风波。试想一下，在上个世纪20年代的中国，封建教条还占据着很大的地盘，统治人们大脑的还是那些传统的伦理纲常，一个是有名望的有夫之妇，一个是大众情人级的诗人，这两者之间的婚外恋，足以成为一件轰动一时的大丑闻。一时间舆论大哗，什么难听的话都出来了。

正当徐志摩走投无路、愤恨不已的时候，他收到了印度著名诗人泰戈尔的助手恩厚之从南美发来的信。信中写道：“志摩，先生身体近来欠佳，十分挂念你。希望您能前来欧洲，与老诗人一聚。殷切盼望您的回信，请电函。” 收到这封信，对徐志摩来说，是一件十分高兴的事情，大诗人泰戈尔是徐志摩的偶像，在大诗人病重时，依然想着他，他是多么的开心，能和举世闻名的老诗人朝夕相处又是多么大的荣耀！这正是他梦寐以求的事情，能得到泰戈尔的垂青是多么的不易啊！收到信后的徐志摩非常激动，恨不能跳起来。

但是冷静之后他又开始着急起来，左右为难，因为他和陆小曼的恋情正遭遇着前所未有的困难，他们应该一起渡过难关，在这种艰难的时候，他怎能扔下陆小曼一个人走呢?

徐志摩拿不定主意，把这一消息告诉了好朋友胡适，胡适说还年轻，应该出去走走，重新在与大文学家、大艺术家的接触中汲取营养，让自己再增加一些作诗的灵感，让自己的精神和知识来一个“散拿吐瑾”。听起来是有点道理，但他还是放心不下陆小曼，一想到要在这种关头与她分开，他的心就一阵阵疼痛、难受。

经过一番费尽心机的安排，他终于找了一个与陆小曼见面的机会。左右为难的徐志摩把一切都告诉了陆小曼。陆小曼的内心充满了痛苦，她怎么舍得和心爱的人分开?而且一去就是那么久。她可是一天见不到徐志摩就心里空落落的啊!但是又有什么办法呢?她毅然决定，支持徐志摩去欧洲。

当徐志摩听到陆小曼的决定时，感动万分。陆小曼的深明大义，这一难得的红颜知己在他心中的分量太重了。他能纵许一次偶然的美好轻易从指间流走、擦肩而过，可当再次与宿命狭路相逢，他定要求个结果。他遇到了陆小曼，遇到了他的爱神，他情感的给予者和拯救者。他对女人是挑剔的，看女人的眼光是审美的，女人就是他的爱、美、自由理念的体现。一个女人如果不漂亮，不活泼，没有性灵，没有知识，没有天赋，他绝不会喜欢上她。林徽因有这一切，陆小曼也有这一切，他爱这一类女人。陆小曼是一个最美最纯洁最可爱的灵魂，是一朵稀有的奇葩，是不慕荣华富贵，追求真、爱、美的女神。

一个月以后，徐志摩就要离开北京去欧洲了。他知道社会舆论的巨大压力，已经把他们两个相爱的人推到了风口浪尖，指责和谩骂几乎全部指向了他们。他怕陆小曼一个人在家太苦，承受不住来自各方面的压力，于是想了一个办法，要求陆小曼在他离去的日子里坚持每天写日记，把每天发生的事情都记下来然后当做书信寄给他，他也会保持和她每天通信，两个人用信件的方式保持联系。如果万一信件寄不出去，也要如数写好，收藏起来等他回来的时候一起看。陆小曼答应了这个要求。

在陆小曼的眼中，徐志摩是最真的男人，与那些追求做官发财的男人都不同，他最纯洁最纯粹最真挚最善良最美好。他追求生命个体的自由，他真诚、正直、率真。他关心人、理解人、包容人和体谅人。没有什么人他不能表同情，没有什么人他不能原谅，他的心是那样宽阔和柔软。陆小曼喜欢这样绅士又柔情的男人，想象与这样的人生活在一起，一定能够幸福。恋爱中的人总是把对方想得太好，或只想对方好的一面，甚至夸大对方的好处，给对方戴上一圈光环，在这光环的照耀下，一切都美妙无比。

徐志摩说："我将于茫茫人海中寻访灵魂之唯一伴侣，得之，我幸，不得，我命。"而犹疑中的陆小曼则有了那句"还君明珠双泪垂，恨不相逢未嫁时。"从林徽因到陆小曼，他所倾心的女子，都已有了家室，而她们婉拒他的方式也都是逃避。他讨厌这样的剧情，虽然是缺憾的美丽，却也是冰冷得难挨。爱曼亲切，诗人只得无奈远行。

在徐志摩出国的前夜，许多的朋友都赶来了，在北京一家酒楼为他饯行。这一去事态的发展会朝着哪一个方向，谁也无法预料。陆小曼控制不住自己的感情，只有借酒消愁，一杯接着一杯地喝，很快就醉了。只有徐志摩知道，陆小曼不是醉，她的心里难受，心里苦。同在一桌喝酒的徐志摩看在眼中，愤、慨、恨、急，各种情绪就像潮水似地涌了上来。

但众目睽睽之下，徐志摩只能干着急，既不能去劝她，又不能去扶她，只能眼睁睁地看着心爱的人那么苦自己。宴会散了之后，徐志摩的头脑中老是回荡着刚刚饭桌上的一幕，心里一阵阵的绞痛，明天就要走了，他无论如何得写一封信来安慰她。

3月10日，徐志摩正式出发了，出发前，他递给陆小曼一封连夜赶写的信。陆小曼、王赓和众多朋友都到车站为徐志摩送行。大家说着告别的话，人群中的陆小曼顾虑到身边的丈夫，只能强压住心中的悲伤，强颜装欢，不敢露出她心中的难过。车子就要启程了，徐志摩逐个地和朋友们握手告别，轮到陆小曼时，他紧紧地握着她冰凉的手，眼泪差一点就掉了下来。陆小曼生硬干涩，面无表情，故作镇静，把泪水强忍住。

鞭炮炸响，车渐渐启动，陆小曼强忍的眼泪才掉了下来。徐志摩探出半个身子不停地挥手，车子在鞭炮声中渐渐远去，直到看不见了为止，陆小曼的眼泪无声地往下掉，怕人看见，不停地擦，眼泪却不停地掉下来，心里一片空白，好像被徐志摩带走了一样，失去了知觉。其实，当送行的人看不见自己的脸时，坐在车上的徐志摩也是满眼的泪水，看着窗外那个娇小的人影是那么无助、苍白、瘦弱，他心如刀割。

直到耳边有人对她说："不要看了，车走远了。"陆小曼这才发现丈夫一直就站在她身边，看着她的一举一动，神色中不无讥诮之意。这时她才如梦初醒，赶紧低着头回到了车上。

为什么一定要经历这样的生离死别呢？他们有什么不可见人的

错？窗外的人影逐渐变小，最后什么都看不见了，只剩下那张苍白的脸在自己的面前挥之不去——那上面是怎样悲戚的表情啊！那双眼睛是怎样死死地看着他，像再也看不到了一样看着他！车子在加速，窗外的一切景物都在飞快地后退，他感觉自己离她越来越远，越来越远……不由得悲从中来，西伯利亚、欧洲，前面的路是那样的漫长，自己孤身一人真是凄凉啊！

6. 身处暗海：陆小曼为爱孤军奋战

诗人无奈远去，回到家里的陆小曼是那样地难过，她不奢望临行前的吻别，哪怕是一个拥抱，对她而言，是那么地奢侈。屋子里的冷清寂静叫她害怕，她走进自己的房间，翻出他给她写的信和日记呆坐着，任凭伤心一点点吞噬着她的意识。很久之后，她打开了送行时徐志摩偷偷递给她的那封信，熟悉的字迹映入眼帘：

龙龙：

我的肝肠寸寸地断了，今晚再不好好地给你一封信，再不把我的心给你看，我就不配爱你，就不配受你的爱。我的小龙呀，这实在是太难受了，我现在不愿别的，只愿我伴着你一同吃苦——你方才心头一阵阵地绞痛，我在旁边只是咬紧牙关闭着眼替你熬着。龙呀，让你血液里的讨命鬼来找着我吧，叫我眼看你这样生生的受罪，我什么意念都变了灰了！你吃现鲜鲜的苦是真的，叫我怨谁去？

方才你接连了叫着："我不是醉，只是难受，只是心里苦。"你那话一出，像是钢铁锥子刺着我的心：愤，慨，恨，急的各种情绪就像潮水似地涌上了胸头。那时我就觉得什么都不怕，勇气像天一般的高，只要你一句话出口什么事我都干！为你我抛弃了一切，只是本分；为你，我，还顾得什么性命与名誉？——真的假如你方才说出了一半句着边际着颜色的话，此刻你我的命运早已变定了方向都难说哩！

我在十几个钟头内就要走了，丢开你走了，你怨我忍心不是？我也自认我这回不得不硬一硬心肠，你也明白我这回去是我精神的与知识的“散拿吐瑾”，我受益就是你受益，我此去得加倍地用心，你在这时期内也得加倍的奋斗。我信你的勇气，这回就是你试验，实证你勇气的机会。我人虽走，我的心不离开你；要知道在我与你的中间有的是无形的精神线，彼此的悲欢喜怒此后是相通的，你信不信？（身无彩凤双飞翼，心有灵犀一点通。）我再也不必嘱咐，你已经有了努力方向，我预知你一定成功。你这回冲锋上去，死了也是成功，有我在这里，阿龙，放大胆子上前去吧！彼此不要辜负了，再会！

摩　3月10日早3时

看日期就清楚，这封信是连晚写的，他的伤心、痛苦、无奈，还有希望和鼓励都在信中一览无余了。徐志摩一句“彼此不要辜负”，陆小曼愿意为之倾尽所有。陆小曼被千夫所指，所有的过错都在她身上。两个人的恋爱，在京城是满城风雨，徐志摩无奈远行。一个是有夫之妇，一个才刚刚离婚，两个社会名流毫不掩饰的恋情，在社会上掀起轩然大波。骂声四起，徐志摩为避风头再走欧洲，留下处在漩涡中心的她，独自坚持。

在当时封建时代，女人的地位低，受到的打击也就更大了。陆小曼本来是名媛，一直以来受到众人的追捧，上层社会的那些所谓的名人雅士中有不少想要亲近她的，并不遗余力地把她捧上了天。而现在她是有夫之妇，居然被徐志摩一个人追走了。于是一起倒戈相向，马上变成了所谓的维持正义的斗士，对陆小曼大加鞭挞，大骂她是淫奔之徒，不知羞耻，以有夫之妇的身份和人偷情，简直是罪该万死。也有人大骂徐志摩，他的老师梁启超就是一个代表，他谴责徐志摩为了自己的幸福而破坏别人的家庭，把自己的幸福建立在别人的痛苦之上。

陆小曼和徐志摩双方的家庭也都不能谅解她和徐志摩的恋爱，更别说答应陆小曼和王赓离婚，然后和徐志摩结婚的要求了。陆小曼的父母觉得出了这样的事情让他们名声扫地，无地自容。在长辈看来，这是有辱家风的事。就在徐志摩走后，陆小曼与父亲大吵了一架。在父亲眼中，陆小曼是大逆不道，在别人的窃窃私语和不自然的表情中，他丢尽了老脸，自己连去上班的勇气都快没有了，他只能给女儿一次又一次地施加压力。无论陆小曼怎么争辩，也没有任何办法出去。一向疼爱她的母亲这一次也铁了心，彻底地失望了。外边的风言风语像刀子一样割在陆母的心上，她要狠下心来彻底断了女儿的念头。

陆定让陆小曼的母亲天天在家严格看守着她，以防她再做什么越轨的事情。陆小曼成了毫无自由的囚犯，徐志摩背负着沉重的思想压力，一对炽热的情人就这样被活活地分开了，这是怎样的残忍啊！家庭的反对和舆论的侮辱使他们身心俱碎，陆小曼恨父母不理解自己，痛苦极了，整个家族和社会的力量是这样的强大，她感到那样的无助。

对于徐志摩的家庭，更是无法接受这个洋派的娇气的有夫之妇。

徐志摩的父亲徐申如是浙江省海宁县硖石镇的一个富绅，他认为儿子离婚已是大逆不道，再跟一个有夫之妇传出绯闻更是有辱门风。再则他不喜欢陆小曼，认为这样的女子品行轻薄。徐申如警告徐志摩，对于陆小曼，他绝对不会同意，在两个老人眼中，张幼仪才是徐家正门媳妇。陆小曼不会料理家务，不会管理家业，身体脆弱，徐申如认定她只会牵累自己的儿子。老夫妇俩宁肯离开老家去找前儿媳张幼仪，哪怕让自己的儿子打一辈子光棍，也绝不同意接受陆小曼，更不说结婚进门。这就是陆小曼和徐志摩家庭之间无法逾越的鸿沟。

与此同时，恋爱遭到这么多人的反对，陆小曼痛感传统道德观念对人的束缚，面对世人的谩骂她是不需害怕的。然而，她觉得对不起自己的丈夫王赓，不管王赓和自己之间的婚姻是否幸福，但是她红杏出墙，让这个年轻有为的男人该承受怎样的压力？她知道，自己的丈夫是爱自己的。当时，陆小曼在暗海中苦苦挣扎，她甚至想去死，获得救赎。

徐志摩在去欧洲的途中和在欧洲游历的日子里，思念和伤感，旅途的寂寞和无聊，使得他很快就开始铺开纸来写信，而且一直坚持写，写完后很快就发出去，陆小曼几乎每天都能收到他的来信。正是这些信，支撑着陆小曼孤军奋战。徐志摩在信中忘情地诉说他对她的爱与思念，他的鼓励和支持。为了他们的爱，陆小曼不怕经历痛苦和折磨，她期盼着将来有一天终会有的胜利，期盼着和徐志摩有个好结果。

流着眼泪看完信后，陆小曼记起了临走前徐志摩嘱咐她要每天写信寄给他看的话，他们约定，即使不能及时寄出，也要坚持写下去，日后也好看。日记中记录了她每天的起居生活细节，以及对徐志摩的思念之情。

人们常说："爱河千尺浪，苦海万重波"，浮世红尘幻海中，淘尽多少痴情种。茫茫人海，有情人相会，短暂的分离让人期盼别后的重逢，可陆小曼不知道，徐志摩将是她一生的守候。陆小曼，有着月亮一样美好的年纪，比花朵更适合在夜里想念。两个人的恋爱，正像郁达夫回忆时所说的："志摩和陆小曼的一段浓情，若在进步的社会里，有理解的社会里，这一种事情，岂不是千古的美谈？忠厚柔艳如陆小曼，热烈诚挚若志摩，遇合在一道，自然要发放火花，烧成一片了，哪里还管得到纲常伦教？更哪里还顾得到宗法家风？当这事情正在北京的交际社会里成话柄的时候，自己就佩服志摩的纯真和陆小曼的勇敢，到了无以复加。" 由于情爱的重缚，在漫长的生死之中，我们难以解脱。"爱不重不生娑婆，念不一不生净土"，情爱是轮回之本，生死之源，是出自于无明妄想，对自我和对他人的贪爱执着才产生的。愿梨花相伴，愿月柔星叹，愿姹紫嫣红开遍，愿重逢情谊满面。愿爱像水墨青花，何惧刹那芳华。

7. 家庭阻挠：王赓发出“最后通牒”

徐志摩的“爱的宣言”公之于众后，惹来众怒。面对巨大的外界压力，徐志摩在惶然中离开中国，去了巴黎。诗人无奈远行，陆小曼孤军奋战。她在婚姻里，却控制不了自己的感情，显然越陷越深。当时的陆小曼，对王赓的感情已经淡漠，她这样写王赓：“这几天受庆（即王赓）亦不出门，所以我简直没有时间写东西，看见他我就心烦，什么事都不想做了……”她准备和王赓离婚！

王赓风闻此事后也辞职，离开哈尔滨回到关内，在上海谋了个生路。陆小曼，有着月亮一样美好的年纪，比花朵更适合在夜里想念，王赓愿意将她一生守候。可此时的陆小曼，在茫茫人海遇到徐志摩，早已深陷其中，无法自拔。在与徐志摩的交往中，她感受到爱的甜蜜。即便这爱之欲乐如美食中的毒药，初尝使人愉悦欢喜、趋之若鹜，最后她与徐志摩之间的爱情将会把她死死系于六道之中，她也愿意一丝丝、一层层自身作茧还将自缚，在爱中沉迷。

对此，王赓发出“最后通牒”，强烈阻挠的同时，争得陆小曼家人的支持，毕竟王赓才是陆家正门女婿。他跟岳父岳母好好商议了一番后，决定将陆小曼也带到上海。王赓想让妻子离开北京的交际圈子，开始全新的生活，做一个贤妻良母，离开喧嚣之所。陆小曼此时，在北京百无聊赖，也想去南方。

茫茫人海，有情人相会，徐志摩和陆小曼短暂的分离让人期盼别后的重逢，陆小曼心中既甜蜜又忧伤，在1925年3月至7月间，写下了著名的《陆小曼日记》十九则。现摘录其中部分文字：你我已无缘，又何必使我们相见，且相见而又在这个时候，已无办法的时候，在这种情况下，真用得这句“恨不相逢未嫁时”的诗了。现在的我进退两难，丢去你不忍心，接受你又办不到，怎不叫人活活地恨死。

陆小曼不知道怎样打发这漫漫时光，只能一个人对着摆钟出神、发愣。她只有再次逛戏院、赶舞会。思念徐志摩之余，陆小曼也沉迷于十里洋场丰富的夜生活，她从北京而来，自然引起上海滩上流社会的关注，上海的名门闺秀唐瑛很快与陆小曼混熟了，民国最优雅的两朵交际花“南唐北陆”一起亮相，钦慕者自然趋之若鹜。

几次婉言劝阻，陆小曼根本不听，王赓不免有些恼火。直到一次，唐瑛夫妇在晚上宴请王赓夫妇。可是王赓公事繁忙，暂时脱不开身，便吩咐陆小曼吃完饭后就回家，不要随他们外出跳舞。陆小曼当时很不愿意，不过没怎么发作，点点头算是答应了。

吃完饭同伴们约陆小曼外出跳舞时，她迟疑了一下，没吭声。有人开玩笑说：“我们总以为受庆（王赓的号）怕陆小曼，谁知陆小曼这样怕他，不敢单独跟我们走。”陆小曼这时笑了笑，说：“我怎么会怕他呢？万一一会回来，让家里的管家给他再准备点宵夜，咱们也好久没有出去玩了，这就走。”

大家在笑声中离开准备上车的时候，正巧王赓的车驶到家门口，看到陆小曼衣着鲜亮，根本就不听他的话，又要去夜场跳舞。此时王赓工作上有些烦，又看到妻子不听话，气得面孔绯红，当场大声责骂她："你是不是人，说定了的话不算数！"说完，便下车走到陆小曼身旁，把她推搡到一边。

周围宾客看到这个局面都震惊了，空气凝滞了一般。宾客们连忙打圆场说："陆小曼是准备送我们的，不是要出去的，都是误会，误会。" 王赓没有理会，只顾拉着陆小曼回家。

陆小曼从小没有受过这么大的侮辱，在众人面前受到王赓的辱骂，被王赓拉入家中去了。夜里，二人又因为之前的事情大声争吵，陆小曼不禁又气又恨。陆小曼不羡富贵，也不慕荣华，只想要一个安乐的家庭、如心的伴侣，谁知连这一点要求都不能得到，只落得终日里孤单的，有话都没有人能讲，每天只是强自欢笑地在人群里混。内心的痛苦，难以言明，天生桀骜不驯的她，第二天就乘火车回到北京，她要将在上海受王赓当众辱骂的事告知父亲。

回到家里，陆氏夫妇看到女儿回来，又喜又惊。看到女儿红肿的眼圈，二老不禁心里难受。陆小曼将丈夫当众羞辱自己的事情告诉了父母。陆定听后非常气愤，表示支持女儿，可是母亲却狠狠批评了女儿，为这件事闹得家庭中经常不和。

"第一帅、第一有才、第一有手段"的王赓，面对娇妻，不懂浪漫，也不解风情。陆小曼20岁嫁给王赓，这场包办的婚姻原本两人也是同意的。那时陆小曼并未有过真正的恋爱，原本是不明白水深火热的爱情是怎样。陆小曼日常花销大手大脚，王赓却从未在钱上与她着急过。但陆小曼作为一个女人是需要感情的，不像在家养个"宠物"，给它吃喝就可以了。而这些，王赓并不明白。她不是没有给过王赓机会，希望他能多陪陪自己，他却没有，说白了，他根本就是个工作机器，每周的工作时间都是机械而固定的，一周七天有六天时间都用于工作，谁都不可改变。他除了不愿多陪太太，连朋友也很少交际，他的生命里似乎只剩下了工作。

红杏出墙，寂寞庭院锁不住。陆小曼和徐志摩，金风玉露一相逢，便胜却人间无数。父母的反对，亲戚朋友的孤立，丈夫的愤怒，以及舆论的压力，让身体柔弱的她终于病倒，奄奄一息。远赴欧洲的徐志摩，到了柏林，感情上受到新的打击，他心爱的儿子彼得已经在一周前夭折了。徐志摩在悲伤之余，更觉在异国有飘泊之感。这时，他突然接到陆小曼病重的电报，便不顾一切地回到北京。陆母起初坚决不准徐志摩来探望自己的女儿，很明显，女儿的病情好坏和徐志摩的来访有很大的关系，也可以说，女儿是心病，而徐志摩是唯一的良方。这一回来，两人更难舍难分了。用陆小曼自己的话来说，“他给我的那一片纯洁的真情，使我不能不还他整个的从来没有给过人的爱！”

陆小曼的母亲吴曼华为人正直，对王赓很同情，她曾与王赓畅谈，声泪俱下道：“孩子，是陆小曼对不住你，你是一个善良、正直的人。”在陆小曼与王赓的问题上，她与丈夫陆定发生了争吵，家庭严重不和。她对陆小曼与徐志摩的婚姻持反对态度，曾指着鼻子骂徐志摩，使徐志摩十分难堪。王赓深知二人走到今日，并非陆小曼一人的原因，作为陆小曼的丈夫，他也要负很大的责任。

徐志摩向刘海粟倾诉着自己的相思之苦，这位诗人，内心非常难过，他知道自己早已中了爱情的蛊，他不能没有陆小曼。他找到刘海粟，请他出面牵线。刘海粟与陆小曼父母皆为常州的乡贤，且是父执。刘海粟经不起徐志摩的哀求，去拜见陆小曼的母亲吴曼华，建议老人家支持女儿跟徐志摩在一起。

8. 逼上梁山："功德林"上演鸿门宴

徐志摩回北京后找到了刘海粟。刘海粟，也是从对家里不满的封建婚姻中逃出来的，他一向视反封建为己任，在中国画坛素以"叛逆"著称，血气方刚，而且，陆小曼也算是他的学生。刘海粟深感此事棘手，那是20世纪20年代的中国啊，徐志摩和原配张幼仪离异，而与有夫之妇陆小曼相恋，在民国十五、六年间算是一件不平常的大事。三角中人都是风云人物，该如何处理？老一辈的人对他们深恶痛绝，青年人也不见得个个赞成。

徐志摩看他犹豫，就说："海粟，这样下去陆小曼是要愁坏的，她太苦了，身体也会垮的。" 刘海粟想：陆小曼心里也是苦的。目前，家里人把陆小曼活活逼到上海，也解决不了什么问题，更不要说与王赓白首偕老。他知道陆定夫妇都喜欢王赓，才把亲事定下来的。他们对徐志摩，若不是人言可畏，印象肯定也不坏。刘海粟思量许久，看到两人如此痛苦，便答应愿意从中斡旋。

刘海粟第一步，先从陆小曼的母亲入手。此时陆小曼的母亲吴曼华，刚刚回到北京。他亲自去陆家，好声相劝。他说："老伯母休怪我轻狂雌黄，我学的虽是艺术，但我也很讲实际。陆小曼心里也是苦，整日里跟你们两老闹的话，你们也得不到安宁啊！"

此时的陆母，内心也是充满了无奈。天下哪个母亲不希望自己的儿女婚姻幸福，承欢膝下，可是这样对王赓，是多么不公平！刘海粟讲了许多因婚姻不自由而酿出的悲剧，但是吴曼华始终下不了决心。她说：“老实说，王赓对我们二老还算孝顺，对陆小曼也还算厚道，怎么开得了口要他和女儿离婚？”刘海粟就对陆母说：“如果晓之以理，让王赓自己有离婚的念头，这样便不难为二老了。你看怎样？”陆母说：“恐怕没那么容易吧？”

刘海粟见陆母心神不定，就要陆母听他安排。最后他们商定，由刘海粟陪陆小曼母女去上海，再寻机找王赓商谈。临行那天，除了胡适、徐志摩外，还有不少北京的学者教授以及闺阁名媛都来送陆小曼母女。刘海粟看到有这么多的名流来送陆小曼，又看到陆小曼光彩照人的模样，就悄悄地对徐志摩说：“你能得到这样一位情人，实在是福分不浅啊！”

第二天，徐志摩追到上海。第三天，刘海粟便在上海有名的素菜馆“功德林”宴客，所请的客人中除徐志摩、王赓、陆小曼母女外，还有张歆海、唐瑛、唐瑛的哥哥腴庐和杨铨（杏佛）、李祖德等人。

王赓彬彬有礼地与大家打招呼，也没忘了跟徐志摩握手，看到桌面上的这些人，他已隐约感觉到今天的这场宴会有名堂，但他表面上显得很平和，知道该来的总是要来。陆小曼也知道今天宴会的用意，但美慧聪颖的她非常沉得住气，显得落落大方，优雅而略带腼腆地和大家打招呼，坐下后就跟母亲讲些悄悄话，仪态万方。倒是徐志摩总是有些心虚的样子，不敢正面接触王赓的目光。徐志摩虽是这次宴会的最初策划者，但在今天的场合上是不能太露脸的，他只是作为一般客人端正地坐在席上，等着刘海粟来唱主角。

一会儿上菜了，刘海粟只是招呼大家吃，各色山珍海味，应有尽有。宴席上，觥筹交错，倒显得平和。殊不知，这种平和后，却是一场婚姻暴风雨的前奏。徐志摩悄悄走到刘海粟身旁，用眼色示意刘海粟，刘海粟心领神会，只是不知怎样开口。因为他知道，陆小曼对王赓虽然一直缺乏绵绵的情意，但在这种场合，绝对能让王赓有难堪的感觉。为徐志摩创造幸福，也不能不顾王赓的颜面。

他慢慢起身，端起酒杯，说道："今天我做东，把大家请来，是纪念我的一件私事。当年我拒绝封建包办婚姻，从家里逃了出来，后来终于得到了幸福婚姻。来，大家先共饮一杯。"这时刘海粟的好友张歆海忍不住了，冲着刘海粟就问："海粟，你这个'艺术叛徒'到底请我们来干吗？你那葫芦里卖的是什么药啊？"

大家举杯共饮，刘海粟笑了笑，说道："歆海兄，你先莫心急，先听我把话说完。" 刘海粟偷偷看了王赓一眼，却见王赓不露声色。刘海粟说道："当下正处于一个社会变革的时期，新旧思想和观念正处于转换阶段，封建余孽正在逐渐地被驱除。"突然，他加重语气，指出："封建思想在某些人的脑子里还存在，还冲不出来。我们都是年轻人，谁不追求幸福？谁不渴望幸福？谁愿意被封建观念束住手脚呢？所以我的婚姻观是：夫妻双方应该建立在人格平等、感情融洽、相互理解的基础上。妻子绝不是丈夫的点缀品，妻子应该是丈夫的知音，'三从四德'的时代已经过去了！"刘海粟越说越来劲儿，他又举起了杯子："来，我们祝愿天下夫妻都拥有幸福美满的婚姻！干杯！"

大家为刘海粟充满激情的讲话所感染，纷纷站起来干杯。王赓迟疑了一下，似乎在思索着什么。看到大家都站起来了，他才起来，和大家一一干杯后，他给自己倒了一杯，对刘海粟说："海粟，你讲的话很有道理，我很受启发。来，我敬你一杯。"和刘海粟干杯后，王赓又给自己倒了一杯，他不失风度地说：“我今天还有些事情，要先走一步了，请各位海涵。”转而对陆小曼说：“小曼，你陪大家坐坐，待会随老太太一起回去吧！”

刘海粟在祝酒时以反封建为话题，谈到夫妻之情应该建立在相互之间感情融洽的基础上。王赓也是极聪明的人，觉察到刘海粟的用意，只能推托有事而走，说明他承受不了宴会的压力，心情也非常不好，被迫认真思考他与陆小曼的婚姻问题。徐志摩很开心，十分感激刘海粟为他所做的一切；陆小曼表面上一脸的沉静，但内心也很复杂，她当然希望能和徐志摩结合，但刚才看到丈夫一瞬间尴尬的表情，又有些慌乱；陆小曼的母亲吴曼华的心里却有些内疚，觉得今天的事情对不起王赓。

“功德林”宴会后，徐志摩、陆小曼都在焦急地等消息。特别是陆小曼，每次见到丈夫都不敢看他。奇怪的是王赓也不跟她多讲话，至于宴会上的话题，在他们夫妻间也没有再讨论过。陆小曼看着丈夫毫无动静，又有些讨厌起他来，她感到似乎是太乐观了，世上绝没有这么省力的事，一时猜不透他在想着什么。

中间诸多曲折，王赓不愿意离婚，做了最后的挽留。他对陆小曼说，如果她认为与徐志摩在一起幸福，他愿意离婚。陆小曼听了抑制不住地哭了起来。王赓说：“我祝你和志摩以后能得到幸福，手续我会在几天后办好。”当时王赓正深陷官司，被诬为日军间谍，后又深陷囹圄，所以，他是在牢狱中签的离婚协议书。那时他的心情又该如何，性命可能不保，妻子又要求离婚——在民国时期，离婚真是件不得了的大事，对男人是极大的侮辱。这肯定对王赓是个很大的打击，他什么都没有了。

9. 爱眉小札：真情终得君回头

陆小曼与王赓正式离婚前，还经历一段鲜为人知的插曲。起初陆小曼在家里得不到丈夫给她所期望的结果，在外面又和徐志摩失去了联系。徐志摩在外等消息也等得心灰意冷，看着一时不会有什么希望，就带着深深的失落跑回北京去了。就这样过了极其沉闷的两个月，这段时间里王赓看上去很忙，心情也很烦躁不安。

王赓知道，是时候打破这个局面了。想了很久很久，他知道跟自己一起生活，陆小曼没有乐趣，陆小曼是一朵娇贵的花，需要用心去呵护。他不能给陆小曼所希冀的那种生活，不如早点放手，给彼此一些念想，留下一些美好的回忆。结婚这四年的时光，王赓深知自己是爱陆小曼的。陆小曼和徐志摩是否真的相配，是否又真的适合，他不知道。他现在能为这个心爱的女人做的，只有成全她。

一个晚上，王赓终于打破了闷葫芦。他把正要去睡觉的妻子叫住，对她说："小曼，我想了很久很久，我希望你幸福，你的心里只有志摩，我退出，同意离婚。"陆小曼闭口不言，不由得痛苦，她霎时想到了丈夫的种种好处，虽然他以往有时对她态度不好，但心底里还是爱她的。

这个铁血男儿最不敢看的就是女人哭，特别是自己心爱的女人。他强忍着内心的痛苦，说道："你别哭，我是爱你的，但是我平时对你不够关心，这是我的性格所决定的。你和志摩都是艺术型的人物，一定能意气相投，我祝福你和志摩以后能得到幸福，手续我会在几天后办好的。”说完，王赓轻轻合上了陆小曼卧室的门，一人独自走到楼下，点燃一支香烟，在这漫漫的长夜中，伴随他的或许只有这支烟了……

此时的陆小曼唯有哭，不知道是由于悲伤还是由于突如其来的幸福。但是幸福降临没有几天，陆小曼又陷入了重重的矛盾之中。老天就是爱捉弄人，这位美丽的女子，为何要接受这么多的挫折？她用真情换得诗人回头，可是现实却给了她一个响亮的耳光。就在王赓答应和她离婚不久，她突然发现自己有了王赓的骨肉。

在很多妈妈的心目中，世界上最动听的声音就是自己的孩子第一次叫“妈妈”。孩子就是父母的命根，是维系家庭新生活的一个惊喜，还有重要的就是孩子是父母见证爱情的完美结晶，没有什么能比孩子在父母心中的地位重要了。她痛苦万分：如果生下来，那她将很难和王赓离婚，也就无法和徐志摩结合，一年多的努力也将付之东流；如果打掉，又觉得对不起小孩，对不起王赓。

当时，母亲对陆小曼说道：“无论如何，你一定要把孩子生下来，不管你今后与王赓怎样，孩子是无辜的。”陆小曼懂得母亲的心，她对自己的腹中之子，亦充满无尽的爱。可是生下来就意味着离不了婚。王赓好不容易答应了，虽然还没在纸上签字，但事情已经有了希望，这是她和徐志摩盼望已久的。考虑再三，为了爱情和自由，陆小曼选择了流产。

这个决定她不敢告诉任何人，徐志摩不知道，王赓更不知道，苦果只能由自己一个人品尝。在一个早晨，她走到楼下，敲开母亲的门，说道："母亲，我近日身体不太好，想去调养一下。"母亲关切道："是不是刚刚怀孕，身体反应有点大？"母亲看着瘦弱的女儿，心里很难过，准备让管家叫司机开车送小姐去医院。陆小曼忙说："没有那么虚弱，只是想去公园走走，让丫头给我抓几副药就好。"母亲见拗不过她，便同意她出去，嘱咐她早些时间回来。

从母亲的视线中逃脱，为了掩人耳目，她偷偷地带了个贴身丫头，找到一个德国医生做了手术，对外则谎称身体不好去休养一段时间。这位德国医生的医术很不错，可是因为陆小曼体质过弱，再加上前段时间心力交瘁，手术非常失败。陆小曼从手术台上下来时，脸色苍白，身体绞痛。她不明白，这段爱，为何如此艰难？她执意要打掉孩子，这难道是老天对她的惩罚？

陆小曼本来体质就弱，经过流产之后，她的身体一蹶不振，不仅不能再生育，而且一过夫妻生活就会昏厥。飞扬漫天情花，覆盖檐边青瓦，卷起一帘轻纱，细嗅一壶清茶。在《阿含经》里，佛陀就常常说，"生当有死，合会有离。"这个才是事实，才是真相，不管我们是否愿意承认，是否可以接受，事实是无法改变的。如果把根本无法永恒的爱情当成永恒，把朝不保夕的誓言当成一切幸福的依靠，可能最终受到伤害的、失望的仍是我们自己。1925年底，陆小曼与王赓解除维持了4年的婚姻，离婚时陆小曼年仅23岁。

陆小曼曾在日记中写道："其实我不羡富贵，也不慕荣华，我只要一个安乐的家庭，如心的伴侣，谁知连这一点要求都不能得到，只落得终日里孤单的，有话都没有人能讲，每天只是强自欢笑的在人群里混。""在我们（她与徐志摩）见面的时候，我是早已奉了父母之命媒妁之言同别人结婚了，虽然当时也痴长了十几岁的年龄，可是性灵的迷糊竟和稚童一般。婚后一年多才稍微懂人事，明白两性的结合不是可以随便听凭别人安排的，在性情和思想上不能相谋而勉强结合是人世间最痛苦的一件事。当时因为家庭间不能得着安慰，我就改变了常态，埋没了自己的意志，葬身在热闹生活中去忘记我内心的痛苦。又因为我骄慢的天性不允许我吐露真情，于是直着脖子在人面前唱戏似的唱着，绝对不肯让一个人知道我是一个失意者，是一个不快乐的人。这样的生活一直到无意间认识了徐志摩，叫他那双放射神辉的眼睛照彻了我内心的肺腑，认明了我的隐痛。”

婚后，徐志摩想生个孩子，陆小曼尽管心里痛苦万分，但她无法诉说隐情，只是回答：“你不是有阿欢了吗？”也正是因为陆小曼一直不能生育，所以她后来特别喜欢认干女儿。这是一段不被祝福的爱，虽然陆小曼和王赓离婚了，但她和徐志摩的婚事还是好事多磨，她的再婚遭受到强大压力。陆母一直不同意女儿和徐志摩来往，与王赓签离婚协议也是陆小曼的父亲背着她办的。事后吴曼华十分生气，老夫妻因此大吵了一场，经亲友劝解后才平息。

王赓毕竟在美国受过高等教育，思想不保守，合得来是夫妻，合不来就分手，他自愿退让来成全陆小曼与徐志摩。在胡适、郁达夫等一帮朋友的帮助下，陆小曼苦尽方见甘甜。此时，徐志摩的老师梁启超，听说了这件事后，连夜写信对徐志摩的草率行为进行了严厉批评。但徐志摩离意笃定，一句“我将于茫茫人海中访我唯一灵魂之伴侣：得之，我幸，不得，我命，如此而已”，便将恩师的规劝置之脑后。

1926年8月14日农历七月初七，是牛郎织女相会的日子，陆小曼与徐志摩在北海公园举行订婚仪式。他们开始准备结婚，开始他们甜蜜的日子。因为王赓是梁启超先生的弟子，所以梁先生很不愿意做徐志摩婚礼的证婚人，最终无奈之下，还是去了婚礼现场。当时身在北京的文化名人几乎都到了婚礼现场。然而，谁也没想到的是，梁启超先生在婚礼现场上的一番证婚词，却成为后人常常谈论的焦点。

梁先生在婚礼现场说道："徐志摩，你这个人性情浮躁，所以在学问方面没有成就。你这个人用情不专，以致离婚再娶。以后务要痛改前非，重新做人！……徐志摩，陆小曼，你们听着！你们都是离过婚又重新结婚的，都是过来人！我作为徐志摩的先生——假如你还认我为先生的话——又作为今天这场婚礼的证婚人，我送你们一句话：祝你们这是最后一次结婚！"

之所以会这么说，是因为梁启超先生对于陆小曼的做事做人看不惯，认为陆小曼是一个只想着玩乐吃喝的轻薄女子，因此打心眼儿里没有尊重她的意思。但不管怎么样，陆小曼的第二段婚姻开始了，从严谨呆板的王赓，变成浪漫细腻的徐志摩，婚后的生活会怎么样，谁都不知道。而陆小曼，却正憧憬着甜蜜的二人世界。陆小曼说："我们从此走入了天国，踏进了乐园……一同回到家乡，度了几个月神仙般的生活。"他们终于可以自由地相亲相爱了，如鱼得水，如胶似漆，两个人恨不能化到一起去。陆小曼幻想着今后的生活，他们可携手散步，或谐谑打趣，或共赏诗文……这时的他们忘记了世间的一切，相信有了爱情就有了一切……但局外人都相信，她和徐志摩两个人的婚姻不会幸福，即使幸福，也不会长久。

又将有怎样的挫折与磨难，等待他们呢？真的会像朋友的预言那样吗？陆小曼不知，只愿时间能为他们暂停在这一刻，享受这一刻神的眷恋与爱的光辉。

第三章　青岛重聚：爱情敌不过现实的苦

一个是窈窕淑女情意绵绵，一个是江南才子风度翩翩；一个是朵含露的玫瑰，一个是首抒情的新诗；干柴碰上烈火，迸发出爱情的火花，最终修成正果。然而五年的婚姻，却留下了生命里再也无法抹平的伤痛。徐志摩奔波在生计线上，陆小曼沉沦在烟色挥度里。爱是一场相互的妥协，失去哪一方的努力，都会最终分崩离析。在困顿的生活与翁媳关系极度紧张中，原本热烈而甜蜜的爱情逐渐冷却，他们二人渐行渐远。徐志摩累了，终于在一场飞机事故中写完了人生最后一首再不能阅读的绝命诗。斯人远去，她铅华洗净，甘愿淡泊，绝迹曾经留下旖旎风光的地方，而消失在人们的视线里。

1. 新婚甜蜜却寂寥，陆小曼难赢公婆心

陆小曼与徐志摩结婚之后，便一同回到了徐志摩的老家——浙江海宁硖石镇，准备开始新婚甜蜜的生活。然而，现实却未如人愿。与徐志摩结婚之后，陆小曼的生活并没有像自己之前想象的那样，浪漫而甜蜜，反而在柴米油盐与公婆关系中，将自己的幻想一点一点消磨殆尽。

徐志摩的父亲徐申如，是当地的一名富绅。由于祖上世代为商，因此积攒了不少资本。徐申如的手中，不仅有独自经营的祖传徐裕丰酱园，还有钱庄、实业等其他经营项目，可以用日进斗金来形容，家道颇为殷实，成为了远近有名的富商。除去赚取钱财之外，徐申如还在1911年的时候，被递补为浙江省的谘议局议员，同时还是硖石镇的董事会总董事长，具有很高的声望。《民国人物传》中写到徐申如的时候，用“蜚声浙江”来描述他，一点也不为过。

尽管有万贯家财，父亲又在当地有很高的名望，但是因为与陆小曼的婚姻，徐志摩与父亲之间的关系已经有了裂缝。在徐志摩与张幼仪离婚之时，父亲就已经和他约法三章，其中有一条便是要他

婚后回到浙江生活，踏踏实实过日子。徐志摩与陆小曼，履行了这一条件。此时，徐志摩也因为娶到了美丽活泼的陆小曼而心情大好，曾在自己的文章中用这样的句子描述过自己的心情：“身边从此有了一个人——究竟是一件大事情，一个大分别；向车外望望，一群带笑容往上仰的可爱的朋友的脸盘，回身看看，挨着你坐着的是你这辈子的成绩，归宿。也该你得意，也该你出眼泪，——前途是自由吧？为什么不？”陆小曼的心中，此刻还充溢着对徐志摩无限的崇拜与爱恋。因此，这样一个身处在恋爱中的女人，自然愿意用自己的行动来缓和与徐志摩父母的关系。回到硖石镇之后，陆小曼随徐志摩住进了家中刚刚盖好的新居之中。不论是陆小曼还是徐志摩，住在家中的新房子里，满心所想的都是对未来美好生活的种种向往。

虽然二人在北海公园已经结过一次婚，但是回到浙江老家之后，徐申如作为当地的名人，自然要再重新办一次婚礼。这个想法，也是徐志摩提出的，因为他想着，若是再办一次婚礼，既是对于父母的尊重，同时也是改善与父亲僵硬关系的好时机。家中的婚礼，自然要比北海公园那次热闹得得多，阔气得多。不管是新娘给各位长辈磕头行礼，还是人们闹新房，都花样繁多。陆小曼一一做来，只希望能够与公公婆婆和谐相处，自此过上幸福的婚姻生活。

然而，现实却总喜欢和人们开玩笑，不管陆小曼在婚礼上磕了多少个头，婚后的生活依然矛盾重重。本来，陆小曼就不是那种内敛忍耐的女子，凡事喜欢直来直去，对于自己情感的表达也是率性而为。陆小曼和之前的丈夫王赓在一起的时候，日子过得极其单调无味。现在终于和这位浪漫柔情的江南才子徐志摩结了婚，小两口在一起总免不了要卿卿我我。有时候，陆小曼吃饭吃不完，就会把盛着剩饭的碗推到徐志摩的面前，让他帮自己吃掉。还有时候，要上楼休息时，陆小曼会故意说楼梯太陡了，徐志摩只好抱起陆小曼上楼去。这在新婚丈夫徐志摩的眼里，自然是娇美可爱，可是在二老的眼中，就有点不合时宜了。细想，徐申如对自己这个儿子可谓费尽心血，无论是在学习还是在生活上，从未亏待过他。不要说吃人的剩饭，就是家中的劳动，也从未指望过徐志摩来做。陆小曼的这种做法，在二老的眼中简直就是胡闹、恣意妄为。本来徐申如对于这段婚姻就很反对，现在看到这种情况，心中的不满可想而知了。

除了“骄横”这一条，更让徐志摩父母亲看不惯的是陆小曼的生活方式。徐家在当地也算是家境殷实的大户，然而这些家产并不是大风刮来的，既要有经营的头脑，当然还要有守住家业的本事。陆小曼却不这样想，陆小曼从小就没有受过物质上的苦，在加上之前一直在京城生活，所以早已形成了大手大脚的花钱习惯。到了硖石镇以后，这一点她也没有想过要改变。比如说自己用的手帕，需要买国外的；用的墨水，又必须是北京的才行。这种行为，在徐申如看来，简直和纨绔子弟没什么两样，都是挥霍无度，极尽浪费之能事。时间久了，徐志摩的父母亲越来越看不惯陆小曼这个新儿媳妇，所以只好搬出了儿子的新房，跑到北京去找张幼仪了。在他们看来，张幼仪虽然与自己的儿子离婚了，可还是自己的家里人，他们把张幼仪视为干女儿，到了北京，便将对陆小曼的不满一股脑地说了出来。

徐申如夫妇搬出去之后，诺大的新房就剩下了徐志摩和陆小曼两位主人。这幢新房，是为了给徐志摩结婚专门新盖的，样式设计成了中西结合的两进式两层楼房。房子里的屋子，大大小小加在一起有二十多间。陆小曼和徐志摩住在主楼东侧的房间，徐志摩还用陆小曼的名字给自己的书房取名为“眉轩”。可见新婚之初二人的浪漫与甜蜜。现在，再也没有人来约束两个年轻人了，陆小曼与徐志摩过上了一种隐居的生活。或是在窗前读书写字，或是在园林中吟诗作画，有时还会跟着家中的佣人学习如何种植花草，闲暇时还会到硖石镇周围的景点转一转。就这样，日子一天天慢下来，没有争吵，没有约束，有的只是自由与快乐。这在陆小曼看来，真像是一场美丽的梦。

然而，过日子终究是与恋爱不同的，此时，徐志摩已经明白自己的任务不再只是花前月下，肩上的担子不仅有自己的妻子，还要承担起养家的责任，作为家庭的主人，陆小曼的丈夫，自己有责任来扛起这个家庭。而陆小曼还沉醉在这清风鸟鸣的日子中，没有意识到自己身为妻子、儿媳的责任与义务。更何况，这种日子过得久了，陆小曼也感觉到自己的翅膀好像被什么东西绑在了一起，阻碍了自己的飞翔。这里虽然清幽，比起过去在北京的日子来，也寂寞了许多。陆小曼不禁想起那些同他人一起唱歌、喝酒、跳舞的热闹时光来。正在这时，北伐军开始向杭州逼近，而硖石镇又正是此时战线的中心地带。为了躲避战乱，陆小曼与徐志摩二人仓皇逃离硖石镇，住进了上海租界的一家小旅馆里。

由于走得匆忙，徐志摩的财产又都在徐家的公司里，若没有父亲徐申如的指令，徐志摩也无法拿到自己的钱财。到了上海，两个人一下子失去了经济来源，日子的困苦可想而知。陆小曼没有想到，嫁给徐志摩之后，会受这样的罪，心中自然有许多的不满。再加上连日的颠簸，陆小曼生了病，药炉成了自己的新伙伴，这样更显得日子难过，孤独寂寥了。

小旅馆中的困苦生活，屋外的战事逼近，陆小曼那关于两人甜蜜的生活的梦终于醒了。然而这一醒，并没有让陆小曼意识到自己作为一名妻子的责任，反而更使她怀念起过去在北京城里风光无限的日子来，看着身边的徐志摩，那个让自己着迷的才子，现在又给了自己怎样的生活呢？

陆小曼与徐志摩之间的矛盾冲突，才刚刚拉开序幕。

2. 徐家的干女儿

徐志摩的第一任妻子，也就是在中国传统家庭中依照父母之命媒妁之言而选定的张幼仪，虽然与徐志摩离了婚，但是徐志摩的父母非常喜欢这个儿媳妇，因此在徐志摩与陆小曼结婚之后，他们跑到张幼仪的家里，把对陆小曼的不满一股脑地说给她听。此后，在徐志摩的母亲病故的时候，作为徐志摩现任妻子的陆小曼被拒绝回家奔丧，而张幼仪则作为徐家的干女儿出现在葬礼上，由此可见，徐家对张幼仪的重视与喜爱。

其实，张幼仪也算是出生于名门望族。她的祖父曾经做过清朝的知县，而父亲张润之又是上海宝山县的巨富。张家一共有十二个孩子，其中有八个男孩，四个女孩。张幼仪在1900年出生于宝山县，家中排行第八。但是，张幼仪的母亲每次和别人说起自己的孩子，都是说只有八个孩子，因为在那个时候，女孩的地位是可以几乎忽略不计的。像张家这样的大户，儿子自然是继承家业的第一考虑，而这些女儿们，会在将来嫁作他人之妻。在父母眼中，她们已经成为了别人家中的一份子，与自己家的财源兴旺与否没有多少关系。这一点，还能从当地的一项风俗中得到验证。在当时，凡是家中生了男孩子，都会把孩子的脐带放在产妇床下的坛子里。而生了女孩子，孩子的脐带就会埋在屋子外头。女孩子，从一出生开始就是被当作外人看待的。

张幼仪还有一个名字，那就是张嘉玢，这也是她的学名，但是对于张幼仪本人来说，还是更喜欢幼仪这个名字。在她看来，“幼”字所代表的善良和“仪”字所包含的端庄之意，都在督促着自己做到更好，这也是后来张幼仪之所以能够得到徐志摩父母信任与喜爱的重要原因。

张幼仪是在十三岁的那一年和徐志摩订婚的。一天，张幼仪的父母把她叫到客厅里，同时交给了她一个银质的相片盒子。张幼仪还不明白这是什么东西，便打开了，只看见里面有一张年轻男子的照片，而这个人，就是徐志摩。据张幼仪的描述，这个年轻人“头大大的，下巴尖尖的，还戴了副圆圆的金丝边眼镜。”张幼仪看过照片之后，父母便问道：“你认为这个年轻的男子怎么样？”张幼仪没有回答，他的心中，自然明白这意味着什么，自己的求学生涯将会马上结束，过上相夫教子的生活。但是社会的传统就是这样，温顺的张幼仪最终小心地回答道：“我没意见。”这一句话，为她和徐志摩的婚姻按下了起始键。可是，徐志摩第一次看到张幼仪的照片时说了什么呢？后来，张幼仪才从佣人的口中得知，徐志摩看到张幼仪的照片之后，嘴角很不满意地向下撇了撇，然后说了五个字：“乡下土包子。”

但是，受到新思想教育的徐志摩还是不敢违抗传统的力量，只能听从父亲徐申如的话，娶了张幼仪为妻。这在当时看来，是一个孩子孝顺的表现。这其中，为了在算命时把两个人算作“天作之合”的婚姻，张家还把张幼仪的生肖从属鼠改成了属狗。而这件事自然是瞒着徐家的。

结婚之后不久，徐志摩就离开家到天津、北京等地求学去了。在这之后，就认识了林徽因，也和陆小曼相识、结婚。而张幼仪却一直在徐家履行一个儿媳妇的责任。之前对于学习的渴望虽然仍保留在心中，但是传统社会习俗对于儿媳妇的要求，使得年纪轻轻的张幼仪整日地呆在家里，做一些妇女要做的活计。徐志摩回家的时候，也几乎不和张幼仪说话。张幼仪由于没有裹小脚，所以在婆婆看来，这不是一个传统的姑娘应该做的。而在徐志摩的眼中，没有受过多少教育的张幼仪，还是一个思想落后、传统意识浓厚的“土包子”。所以，张幼仪在婆家的身份就有点“不三不四”了。

但是，徐志摩的父母对于这个儿媳，还是很满意的。徐志摩离家求学的时候，都是张幼仪在照顾公婆，照顾徐家的产业。一次，张幼仪要回到娘家看望自己的父母。在徐家，徐申如每个月会给张幼仪十块银元，多的时候有二十个银元。因为平日并不怎么出去，张幼仪都把这些钱攒起来。为了这次回家，张幼仪带着四十块银元到上海去逛了一下午，买了火腿、鸭子等很多佳肴。等到从宝山县回到婆婆家时，婆婆问这次回家一共花了多少钱？张幼仪不敢说有四十个银元，只好减半，说只花了二十个银元。婆婆笑笑说，“这倒是很不错。”就这样，张幼仪和公公婆婆的关系相处得还算融洽。

后来，徐志摩和张幼仪离婚的时候，徐志摩的父母还是站在张幼仪这边的，这其中，一方面是因为在他们看来，离婚这件事毕竟有些让徐家丢了脸面。但更为重要的是，张幼仪自从嫁给徐志摩之后，在徐家做得不错，可以说是一个传统意义上很令人满意的儿媳妇。对于这样好的儿媳，徐申如夫妇自然不愿意让自己的儿子离婚。离婚之后，徐申如夫妇仍然将张幼仪看作是自己的儿媳妇，并认作是徐家的干女儿。

在徐志摩飞机失事的时候，最终为徐志摩料理后事的，不是陆小曼，更不是林徽因，而是这个被他称作是“乡下土包子”的张幼仪。尽管在那个时候，张幼仪早已和徐志摩没有半点关系，但还是竭尽全力，为徐志摩办理了一切后事。在徐志摩去世之后，张幼仪还在帮助他照顾父母，并帮助打理徐家的产业。除此之外，张幼仪还帮助徐志摩出版了全集。

在张幼仪到德国之后，精神上更加强大而独立了，也许在去德国之前，张幼仪还在用传统的那一套来禁锢着自己，告诫着自己要做一个让父母满意、丈夫满意、公婆满意的女人。然而在经历了离婚、爱子夭折这一系列事情之后，张幼仪才发现，原来自己过的生活一直都让一个人不满意，那个人就是自己。因此在到了德国之后，张幼仪才真正过上了自己想要的生活。

晚年的张幼仪，早已将一切看透。在她53岁的时候，在香港与她的邻居中医苏纪之结婚。这是她人生中的第二次，也是最后一次婚姻。最终她在1988年病逝于纽约。

曾经有人问过张幼仪，爱不爱徐志摩。张幼仪是这样回答的：“你晓得，我没办法回答这个问题。我对这个问题很迷惑，因为每个人总告诉我，我为徐志摩做了这么多事，我一定是爱他的。可是，我没办法说什么叫爱，我这辈子从没跟什么人说过‘我爱你’。如果照顾徐志摩和他家人叫做爱的话，那我大概是爱他的吧。在他一生当中遇到的几个女人里面，说不定我最爱他。”这个回答，这种对于“爱”的定义，让人们看到这个女人身上的那种坚韧、忍耐。什么是爱？花前月下，对酒当歌纵然是一种令人神往的浪漫，但是像张幼仪这种，几乎是把自己的一生维系在徐志摩和他的父母身上。在与徐志摩作为夫妻之时，尽管徐志摩对她不理不睬，甚至于有些看不起她，但是张幼仪从没有忘记自己是徐家儿媳妇的身份。离婚之后，她也依然将徐申如夫妇视作长辈，甚至是父母来照顾。这种实际行动，大概是这个女子对于“爱”最内敛、最深沉的表达了吧。

3. 才女与诗人：相爱与现实纠缠

陆小曼与徐志摩离开硖石镇之后，起先住进了上海租界的一家小旅馆当中。由于陆小曼此时身患疾病，所以生活十分困苦。后来在朋友的帮助下，住进了朋友的家中。可是这也不是长久之计，两人便在上海四明村租了一间公寓住了下来。四明村在上海可以算是比较高档的住所了，是以它的建筑者——四明单位的名字命名的。四明村的房子都是二层楼和三层楼，他们所住的这一间，每个月的租金要一百元左右。这在当时已经是个不小的数字了，要知道对于普通的老百姓来说，一百银元足够他们支付半个多月的生活开支了。

上世纪二三十年代的中国处于动乱之中，但是拥有“东方巴黎”之称的上海却极具奢靡繁华、风流浪漫。举家迁往上海后，陆小曼就像干渴了许久的鱼儿，再一次游入到了大海中，久违了的气息让陆小曼欣喜不已。很快，在这座繁华的“不夜城”里，陆小曼的生活开始变的毫无节制的奢侈，甚至于颓废。

虽然战事还没有完全平息，但是陆小曼的行事作风还是一如既往，没有受到环境的一点影响。例如，陆小曼每次出门几乎都会乘

坐私人汽车。而普通人家大部分还是依靠步行，条件好一点的也不过是乘坐黄包车而已。除此之外，陆小曼家中的佣人数量也不少，除了有贴身丫头、男仆之外，还有专门的厨师和司机。在自己的穿着打扮上，陆小曼更是不知节省，所有流行的服装恨不得全部买回家，每次出去参加聚会一定穿着时髦，不了解的还以为是大家的小姐呢。对于家中的收入情况，陆小曼不了解也不关心，出门逛街从来都是随着自己的性子，有一次，竟然一下子就买回来五双上等的女式皮鞋。这种挥霍的生活方式，自然给家庭开支造成了不小的负担。

当然，对于上海，陆小曼无疑是非常热爱的，她生于上海，死在上海。她一生中最华丽的日子，最凄苦的思念也是与上海这个大都市如影随行的。所以，无论是后来战争的威胁，还是出国的诱惑，抑或是丈夫、友人的劝说，都没能让她离开上海。她对上海的感情，就如一个女子对于自己心爱的情人，明明知道“他”有种种的“坏”，却依然思之念之，终是不肯弃“他”而去。

总之，是上海成就了陆小曼，也是上海埋葬了陆小曼。民国时期的上海确实有这种魔力，它是男人的赌场，冒险家的乐园，吸引着世界各地的淘金客纷至沓来。在这里有人一夜暴富，也有人暴毙街头。总之，这里的财富，这里的机遇，刺激着一大批赌徒涌入这个“十里洋场”。上海也是女人的天堂，名媛，女明星，大家闺秀，小家碧玉，总之，女人们在上海找到了出头的机会，大街小巷，舞厅剧院，在哪里都能看到她们的身影。她们穿着旗袍，涂着鲜艳的指甲，踩着高跟鞋，走在水泥地上，哒哒哒，然后一个优雅的转身，华丽丽的，也牵绊住了众多男人的心。

然而，徐志摩对于这种生活却并不感兴趣，他曾经说过，“我认定奢华的生活并非高尚的生活。爱，在俭朴的生命中，是有真生命的，像一朵朝露浸着的小草花；在奢华的生活中，即使有爱，不能纯粹，不能自然，像是热屋里烘出来的花，一半天就有衰萎的忧愁。”这一比喻，可以看出徐志摩的本性是崇尚自然与质朴的。这种生活态度、生活观念的差异，自然给徐志摩和陆小曼之间造成了隔阂。更何况，离开硖石镇的时候，正是为了躲避战乱，因此走得十分匆忙，身上并没有带多少钱财。

徐志摩的父亲徐申如，虽然是浙江硖石镇的富绅，但是对于徐志摩的这段婚姻，徐申如是很反对的。因此，在二人结婚之后，徐申如也并没有在经济上为两人提供多少帮助。其实，每月几百元的开支对徐申如来说，不过是九牛一毛。但是，这在徐申如看来，不是钱多少的问题。因此，徐志摩只好到上海法学院、南京中央学院、东吴大学等学校中兼职上课，以此来赚钱养家。然而，美人一笑，还是常常让徐志摩身负外债。面对家中这种经济状况，陆小曼并没有将其放在心上，还是照样参加聚会、坐着私人汽车出入酒会，只把徐志摩急得团团转。

为了赚取更多的钱财供陆小曼挥霍，徐志摩还做起了倒卖古董字画的营生，甚至是去做连自己都厌恶的房屋买卖中介，以赚取中介费。但即便如此，徐志摩赚取的钱财还是不够陆小曼挥霍，徐志摩不得不经常向朋友借钱周转，经常是借东家还西家，生活一度窘迫不堪。为了满足陆小曼，徐志摩不惜委屈自己，一件衣服穿到破了洞也舍不得买新的。就这么一位著名的诗人每天穿着破了洞的衣服授课、撰稿，倒卖古董，奔波于上海、南京两地，只是为了满足自己的爱妻。

可是，陆小曼却丝毫没有考虑过这些现实问题。她喜欢奢华的生活，喜欢醉酒欢歌，不愿让生活的重担压垮自己的梦。她生性崇尚自由，喜欢和朋友在一起喝酒、跳舞、吃饭、打牌。很快，陆小曼的名声便传了出去，邀请她的人越来越多。她的作息时间也变成了中午起床，下午在家里会客、写日记，到了晚上就和别人出去聚会玩乐。原本在硖石镇休养出来的清幽心境早已不见踪影，只被这灯红酒绿的生活给迷醉了。上海是一座不夜城，陆小曼过的就是一种没有黑夜的生活。而徐志摩的内心却早已从婚前的浪漫柔情，转向了婚后的养家度日。

而且，早在结婚之前，徐志摩就曾经对陆小曼说过："我不喜欢你那种随意花钱的生活方式，时间久了，会让你养成任意妄为的态度。结婚之后我也不会因此去努力挣钱，这并不是因为我不懂养家之道，而是我不喜欢那种奢侈的生活，我认为那是一种不高尚的表现。"

果然，徐志摩的担心不是多余的，婚后的生活，让陆小曼和徐志摩之间产生了很大的距离。对此，陆小曼常常对朋友抱怨，自己想要浪漫的爱情，可是徐志摩却总是忙着生活。而且对于自己的花钱方式，总是会管这管那，让自己觉得很不自由。而徐志摩的内心也有很多不满，他曾说过："我想在冬至时节独自到一个偏僻的教堂去听几折圣诞的和歌，但我却穿上了臃肿的袍服上舞台去串演不自在的'腐'戏。我想在霜浓月淡的冬夜独自写几行从性灵暖处来的诗句，但我却跟着人们到涂蜡的跳舞厅去艳羡仕女们发金光的鞋袜。"

除了经济上的问题，陆小曼与公公婆婆之间的僵硬关系，也使得两个人之间的感情受到了不小的影响。徐申如对于这个儿媳妇有诸多的看不惯。陆小曼却认为自己很受委屈。因为徐志摩与张幼仪的感情早在1922年就结束了，而自己是在1924年认识徐志摩的，徐志摩离婚一事与自己并无关系。但是公公婆婆却把这笔账算在自己头上，这是很不公平的。家庭的不融合，也免不了会进一步影响陆小曼与徐志摩之间的感情。

时间久了，陆小曼与徐志摩的感情慢慢地被消耗、被磨损。在陆小曼看来，她曾经幻想过的浪漫生活，早已成了一个梦，而婚姻却成为捆绑自己翅膀的枷锁，让自己无法飞翔。婚姻又一次成为了埋葬爱情的坟墓，生活的淡然无味，让陆小曼更加迷恋那些欢声笑语的聚会场所。徐志摩忙于到处讲课挣钱，自然没有时间陪着陆小曼一同欢歌起舞。陆小曼觉得自己的生活有些寂寞了。

后来，徐志摩的母亲病重，作为儿媳妇的陆小曼本想前去探望，却被徐申如给拒绝了。等到徐志摩的母亲病故之后，徐家也不许陆小曼回家奔丧。张幼仪却以徐家干女儿的名义出现在葬礼上。这让陆小曼的心中感到很气愤，在她看来，这种做法无疑是在羞辱自己。

与徐志摩的聚少离多，和徐家的格格不入，让两个人之间的距离越来越远，婚前幻想的甜蜜生活被现实给狠狠地打败了。

4. 徐志摩负气出国

自从到了上海之后，陆小曼马上投入到了一种夜夜聚会，流连于灯红酒绿之间的生活，而且她那种出手阔绰的生活方式已经变成了习惯，这必然给两个人的日常开销造成不小的负担。经过一次又一次的冲突，陆小曼和徐志摩之间的浪漫柔情也在一点一点消失掉，只剩下枯燥无味地过日子。为了应付陆小曼的账单，徐志摩不得不到多所大学去授课挣钱，这样，两个人呆在一起的时间就更少了。常常是陆小曼一个人在家，每天快到中午的时候才起床，下午在家看书、写信、会见朋友，一到晚上，就穿着时髦漂亮的衣服，和朋友一起去唱歌、聚会。而徐志摩呢，一边在外边努力挣钱，一边心里想着家中的陆小曼，有了时间，就会回家去看陆小曼，同时给她留下生活的费用。

其实，在徐志摩的心里，是不喜欢陆小曼这种行事作风的，在硖石镇的时候，没有徐志摩父母的约束管教，两个人整天读书写字，在院子里游玩，也让陆小曼养出了一些清幽闲适的心境。然而，这种心境在进入上海之后，很快就被冲淡了。上海是什么地方？那是全国数一数二的大都会，最时髦的穿着打扮、最先进的思想、最新潮的生活方式都在这里融合。上海让陆小曼着迷的同时，也让她与徐志摩之间的距离慢慢变大。

早在1928年之前，胡适就曾经给恩厚之写过信，希望能够提供一些帮助，以便让徐志摩和陆小曼到英国去待一段时间。因为胡适和徐志摩夫妇都是好朋友，所以胡适写这封信的目的，主要有两方面，一方面能够让陆小曼脱离上海这种灯红酒绿的环境，希望到英国去能够帮助她积极学习，为徐志摩的文学写作方面提供重要的帮助；另一方面，也是希望到英国去，能够让徐志摩有时间、有安静的环境，来进一步提升他在文化学识上的修养。

收到胡适的信之后，恩厚之马上开始想办法，为徐志摩夫妇到英国提供帮助，除此之外，还很热情地将一笔二百五十英镑的钱赠予徐志摩，以便他能够到英国更好地生活。对于胡适和恩厚之的帮助，徐志摩的心中十分感动。他很想和陆小曼一同到英国去，开始一段新的生活，与陆小曼一起读书进步，提高自己的文学素养，帮助自己在文学写作上取得更大的进步。除此之外，徐志摩也想着，若是两人一同到英国去，远离了上海这种环境，那么他和陆小曼之间的感情还会变成以前那样，花前月下，你侬我侬。

然而，这时的陆小曼早已不这样想，面对上海这座大都会的诱惑，陆小曼早已沉迷于其中，难以自拔。最终，徐志摩只好一人前往。对于这次出国，徐志摩的内心并不好受。他没有想到，婚前那样灵动活泼的女子，现在也会带给自己如此之大的痛苦，生活的窘迫，与陆小曼之间的隔阂，让自己有了巨大的精神压力。徐志摩甚至想，这一次的出国旅行，或许能够给他和陆小曼之间一个感情缓冲的时间与空间，希望能够在独自生活一段时间之后，让陆小曼自己惊醒过来，从而自觉脱离现在的生活状态与生活环境。就这样，徐志摩带着一肚子的怨气、苦闷出国了。

这一次的行程安排，是先到日本、美国，然后横渡大西洋到英伦和欧洲。到达欧洲之后，再经过地中海到达印度，最后回到中国。总体的旅程几乎要环绕地球一周，而这次的行程也和他年轻时到海外求学时的行程相同。

尽管行程相同，但是心境却早已有了大变化。早年求学时，正是恰同学少年之时，胸怀远大，朝气蓬勃。而这次的欧洲之行，却是带着一身的疲惫与苦闷，两相对比之下，怎能叫人不心生感慨呢？这其中很明显的一个表现就是，徐志摩在这次出行当中，已不再像过去那样，到自己所崇拜的故人墓前思考生死，而是每天都在忙着和朋友聚会交谈。这其中的原因，也许是想尽快将心中的苦闷发泄出来，给自己减轻压力；还是说，在冥冥之中，徐志摩已经认识到这也许自己最后一次的出国游行了，所以要抓紧时间和机会，和自己的朋友以及自己的精神故乡做一次告别呢？就是在这次的出国行中，徐志摩来到了魂牵梦绕的地方——剑桥大学。

夕阳之下，徐志摩的身影落在草地上，六年前，他还是一个心中满怀着激情与张狂的少年，有着远大的抱负，要过上自己想要的新生活。六年之后，徐志摩已经从一名翩翩少年，成长为一个成熟的教授、一个为生活所困的诗人。他的激情，他的张狂，他的梦想，正在一点一点被现实的苦闷生活给碾碎。物是人非，最让人伤心，也最容易引发人们忧郁的情绪。此时此景，一首诗歌从他心中飞出，这即是相当经典的《再别康桥》：

轻轻的我走了，

正如我轻轻的来；

我轻轻的招手，
作别西天的云彩。
那河畔的金柳，
是夕阳中的新娘，
波光里的艳影，
在我的心头荡漾。
软泥上的青荇，
油油的在水底招摇；
在康河的柔波里，
我甘心做一条水草！
那榆荫下的一潭，
不是清泉，是天上虹；
揉碎在浮藻间，
沉淀着彩虹似的梦。
寻梦？撑一支长篙，
向青草更青处漫溯；
满载一船星辉，
在星辉斑斓里放歌。
但我不能放歌，
悄悄是别离的笙箫；
夏虫也为我沉默，
沉默是今晚的康桥！
悄悄的我走了，
正如我悄悄的来；
我挥一挥衣袖，
不带走一片云彩。

这首《再别康桥》成为徐志摩一生中，最为脍炙人口的诗篇之一。这其中，包含着他浓浓的不舍，化不开的忧愁与苦闷。这种心情，几乎是一直留在他的心中，直到去世。除此之外，徐志摩这趟旅行中，还看望了自己最为崇拜的老师罗素。他们彻夜长谈，让徐志摩似乎找到了年轻时的自己。谈话间的幽默与讽刺，都让他感到是一种极大的精神满足与享受。最终，在10月的下旬，徐志摩开始准备回国，11月上旬的时候，徐志摩已经回到了上海。令人没有想到的是这次的出国旅行，竟然成为了徐志摩人生中最后一次的出国之行。在这次5个多月的旅行中，徐志摩重新走遍了自己早年求学时候的道路，好像生命的轮回一样，轨迹又转动了一遍。但是不同的是，此刻的徐志摩已经沉稳了许多，也成熟了许多。

后来，回忆到这次欧洲之行时，徐志摩这样说过："我决意去外国时是我最难受的表示。但那时希冀你能明白我的苦衷，提起勇气做人。我那时寄回的一百封信，确是心血的结晶，也是漫游的成绩。"

回到上海的徐志摩，本以为迎接他的会是一个活泼、充满了灵气，找回了婚前那种精神状态的陆小曼。可是，现实再一次让他失望了，陆小曼仍然沉醉在上海的生活当中，没有丝毫的改变。而且，她与翁瑞午之间的关系也变得比以前更加暧昧不明，周围的人甚至于社会上都会有关于两人的流言蜚语，这让徐志摩苦恼不已。他出国之前的希望破灭了，他希望找到那个最初认识的陆小曼也失败了。就算是在旅行中，写给陆小曼的一封又一封的情真意切的书信，看来也没有起到半点作用。这让徐志摩十分郁闷，难道今后的生活就要一直这样继续下去吗？

5. 徐母去世，陆小曼被拒灵堂外

徐志摩与陆小曼结婚之后，徐申如夫妇对于这个新儿媳妇一直看不顺眼。在他们结婚不久，两位老人就跑到张幼仪那里去了，将对于陆小曼的不满一股脑地发泄了出来。不久，战事爆发，徐志摩和陆小曼两个人跑到上海去生活。这时候，陆小曼与公公婆婆之间的来往已经很少了。可是，陆小曼与徐家之间的关系并没有因为有了距离而得到改善，反而是因为时间长了，关系越来越僵。对于徐申如夫妇来说，并没有把陆小曼看作是徐家真正的儿媳妇。在他们的眼中，那个行为传统、性格温顺、能够安于在家中照顾老人的张幼仪，才是徐家明媒正娶的儿媳妇。虽然自己的儿子和她离了婚，但这并不影响两位老人对于张幼仪的重视。再后来，更是直接将张幼仪认作是徐家的干女儿，可见张幼仪在徐家所受到的重视，是陆小曼这位受过新式教育的女子所不能比的。

后来，徐志摩的母亲病重，陆小曼本有心要前去探望。但是公公徐申如却不让陆小曼回家看望生病的婆婆，这使得陆小曼感到十分委屈。陆小曼曾对自己的朋友抱怨过："公公婆婆认为是我在中间，影响了徐志摩和张幼仪的婚姻，最终导致他们离婚。其实，我和徐志摩认识的时候，他和张幼仪已经离婚了。”可是，不管情况是怎么样，徐志摩的父母就是不喜欢这位新儿媳妇。偏偏陆小曼看问题，常常能够看出矛盾和不满，很少能够从一件事情中看出它的好处与优势。因此，经过一段时间的相处，更加觉得这个徐家的儿媳妇难做了，感觉自己做什么都不对，怎么做都会让公公婆婆不满意。而自己的丈夫，也是夹在中间两头为难，不要说为自己出气了，有时候面对公公婆婆的指责，徐志摩也不会为陆小曼说一句话，这让陆小曼很不满。

然而，相对于陆小曼来说，张幼仪这个和自己儿子离了婚的儿媳妇，做的就好得多了。不管还是不是徐家的儿媳妇，不论和徐志摩还是不是夫妻关系，张幼仪毕恭毕敬地对待徐申如夫妇，真诚细心地照顾他们的起居生活。张幼仪曾经说过："虽然我和徐志摩已经离婚了，但是公公婆婆还是我儿子的爷爷奶奶，这样一来，我怎么能不好好地对待他们呢？"这种想法，促使张幼仪在日常生活中更加尊敬照顾两位老人。这样一比较，徐申如夫妇自然会喜欢张幼仪，而对陆小曼有所不满了。

但是，这种局面有时也会给张幼仪带来很多的不方便。毕竟，徐志摩已经和陆小曼结了婚，按理来说，张幼仪已经和徐家没有任何关系。但是，公公婆婆的这种态度，又会让张幼仪夹在中间，不知如何是好。

1930年，徐志摩的母亲得了很严重的气喘病。徐申如马上打电话给徐志摩，当时，徐志摩和陆小曼还住在上海，徐申如要他们马上回家，看望生病的母亲。然后，徐申如又给张幼仪打了电话，告诉她婆婆生病的消息，要她也回到硖石镇老家。接到公公的电话，张幼仪不知如何是好。一方面，听到婆婆病重的消息，善良的张幼仪第一个想到的就是马上到硖石镇去看望婆婆，但是另一方面，张幼仪也知道，作为儿子的徐志摩，和作为新儿媳妇的陆小曼也一定会回家。如果是这样，那么三个人要如何相对而处呢？张幼仪，这个已经离婚的女人，自然是不想再见到徐志摩的，更何况面对陆小曼。因此，张幼仪的心中是这样想的：我已经和徐志摩离婚了。如果老太太病重，甚至于去世了，那么我只能而且必须坚持自己的身份，那就是我已经和徐志摩离婚了，已经不再是徐家的儿媳妇了，葬礼这种事，我是不应该参加的。经过一番思考，张幼仪给徐申如打电话说，自己会把儿子阿欢送到硖石镇老家去，让儿子和徐志摩在火车站碰面，然后让徐志摩带着儿子回家。

可是，当天下午，徐申如再一次给张幼仪打电话，问她怎么还不到。张幼仪没有办法，只好把自己的想法原原本本地告诉他，并直接说道："我已经离婚了，徐家家里的事我是不应该插手的。"之所以这么说，并不是张幼仪对于公公婆婆已经没有感情，而是基于两点考虑：第一，陆小曼作为新儿媳妇，理应在这时帮助处理家事。第二，张幼仪也不想让徐志摩和陆小曼因为自己的出现而生气。但是，张幼仪的这些想法，并没有得到徐申如的理解，当天夜里，徐申如拨出了第三个电话。他毫不理睬张幼仪怎么说，只是自顾自地说："你必须马上回到家里来，家里这么大的事情，没有个女人帮助，我们不知道该怎么办才好。"听了这句话，张幼仪马上说道："家里的事情为什么一定要找我呢？我已经离婚了，你让徐志摩来接电话。"然而，这位江南才子在母亲病重这种事情面前，毫无办法，手足无措。只会声音失控地说道："我不知道该怎么办，母亲得了这么重的病，我又不懂医药方面的事。”

听了公公徐申如和徐志摩的话，张幼仪安静了一会，想了想，然后说出了自己的想法：“你们这家的人为什么这样自私？只考虑到自己，却没有想过别人。之前我和徐志摩就已经离婚了，现在家里出了事，需要有女人帮忙，就想起我来。如果我去，陆小曼也在场，那像什么话？一个家中有两个女主人吗？那成了什么样子！再说了，我帮忙之后，能留下来参加葬礼吗？两个女主人都出现在葬礼上，别人会怎么说，这又是什么体统？”

在张幼仪看来，参加葬礼与否，并不是一件小事。这是一件原则性的问题。因为按道理来说，自己并没有义务和责任去照顾生病的婆婆，或是安排婆婆的葬礼。如果徐家坚持要自己回去帮忙，就一定要让自己出席葬礼才行。最终，没有办法的徐志摩只好说：“好吧好吧，你先回来就好了。”

于是，张幼仪马上开始准备，最终在婆婆去世之前的两个星期的时候，到达了峡石镇。这时候，婆婆的病已经很严重了，然而见到张幼仪之后，还是对她说自己很高兴，因为张幼仪的到来，让婆婆知道了自己的葬礼一定会办得很妥帖，这下就放心了。

婆婆的想法最后得到了验证，张幼仪确实把葬礼办得很得体。凡是应该正室夫人做的事，几乎都让张幼仪干了。例如，在婆婆的嘴里塞上布包，帮助她穿上一层一层的寿衣，将她的遗体放入棺材当中等等。除此之外，张幼仪还请来了和尚，为婆婆连续做了几个星期的法事；又请裁缝做好了全家人的孝服；细心的张幼仪甚至还请好了哭丧者，让他们在葬礼的时候站在棺材的旁边，当有亲戚朋友来看望的时候，就放声大哭。儿子阿欢还小，张幼仪同样也教会他向奶奶鞠躬致礼。

然而，就在张幼仪为葬礼忙前忙后的时候，陆小曼却一直呆在上海生活，直到葬礼当天早晨才回到硖石镇。而且回到老家之后，也没有帮着料理事宜，而是一直呆在徐家本宅的卧房里没有出来。张幼仪则和叔伯亲戚们在徐家的老宅里，等着办理葬礼。

在葬礼上，张幼仪最终作为徐家的干女儿身份站在了徐志摩的身边，每当有宾客前来时，就向来客鞠躬还礼。而陆小曼无论是在婆婆病重之时，还是在葬礼上，都没有被徐申如看作是徐家的儿媳妇。

6. “轻轻的我走了”：徐志摩殒命

1931年的11月19日，对于张幼仪、林徽因，特别是陆小曼来说，都是最难熬的一天。因为在这一天，徐志摩在坐飞机到北京时，不幸遭遇飞机失事。

从欧洲旅行结束之后，风尘仆仆回到家的徐志摩没有见到预想中的场景，陆小曼并没有因为徐志摩这次出国游而改变自己的生活方式，仍然过着一种几乎是没有白天的夜生活，这让徐志摩感到十分失望。再加上不久前，母亲病重去世，而父亲徐申如对于陆小曼还是那样冷冰冰的，视作外人。家里这种分裂的气氛，给徐志摩的心头压上了一层阴云。当时徐志摩在北京两所大学担任教授一职，每个月凭借授课挣得大概有600元左右，这在当时来说已经算是很高的收入了。然而，陆小曼大手大脚惯了，又喜欢经常参加酒会，和朋友一起喝酒、打牌，出入都要坐私人汽车，家中的仆人也有好几个。这样一来，徐志摩每个月600元的薪水就并不算多了。

在一次给林徽因接风的宴席上，林徽因看到徐志摩的神情黯淡，精神状态很不好，于是就问他最近有什么不顺心的事。然而，徐志摩又怎么好把家里的烦恼告诉林徽因呢？毕竟，这是他曾经追求过的女人。宴席结束之后，徐志摩对林徽因说："过几天，我要回去上海一趟，可能在你走之前没有时间再来送你了，那么今天就当做跟你送别吧。"林徽因告诉徐志摩，11月19日的晚上，自己会在北京的协和小礼堂，给外国使节做一场关于中国的建筑艺术的讲座，如果徐志摩有时间，可以来参加。徐志摩高兴地说："这太好了，你放心，我一定会按时赶到会场，做你最忠实的听众。"然而，这一次，徐志摩食言了。

就在他回到上海家中之后，看到仍然不改往日模样的陆小曼，便气不打一处来，和陆小曼大吵了一架。本来，徐志摩还专门给陆小曼带回了很多画册、笔墨，希望她能够重新开始自己的写作，摆脱现在这种生活。但是，结果还是让他再一次失望了。徐志摩本来就不是那种脾气火爆的人，而且也不想把自己和陆小曼之间的感情弄得太僵，就只好去探望朋友了。第二天，徐志摩到好友刘海粟家中去吃早饭，中午又到朋友罗隆基家中吃午饭。11月15日那天，他的学生何家槐到家中来看望他，两个人谈了一整天，徐志摩很兴奋也很高兴。但是，另一方面，他也时刻记着19日林徽因在北京举办讲座的事情，提醒着自己千万不要忘记了。

17号的晚上，徐志摩准备好了东西。陆小曼问他："你准备怎么回北平去呢？"徐志摩回答说："坐车去。"陆小曼想了想说，"你不是打算在南京还要停一停，去看望朋友吗？这样一来，我担心你在19号的时候赶不到北平。"徐志摩回答说："如果时间实在紧张，那我只好坐飞机了。正好，上次航空公司的财务主任保君建给我的免费飞机票我还留着呢。"

听了这话，陆小曼有点着急了，她担心飞机不安全，便马上说道：“我给你说了多少次了，不许坐飞机。”然而，徐志摩却没有把这当作一件多么严肃的事，还对陆小曼说：“你是知道的，我多么喜欢飞翔啊。你再看雪莱，死的就很风流。”听见徐志摩开这样的玩笑，陆小曼更担心了，又有点生气，就对他说：“你又瞎说！”徐志摩问道：“怎么，你怕我死掉吗？”陆小曼开玩笑说：“我怕什么！你死了，我大不了做个风流寡妇，也不错！”徐志摩只当这是一句玩笑话，便在18日的凌晨匆匆起身了。因为走得实在匆忙，所以也没有好好打扮一番，只穿了件又短又小的西装裤子，裤子的腰部竟然还有个破洞，这些徐志摩也没有注意到。

到达南京后，徐志摩来到张歆海的家中，张歆海的妻子韩湘眉看到徐志摩的穿着打扮，便觉得有些不妥。徐志摩还像个孩子一样转来转去，想要找到一根腰带。面对大家的哈哈大笑，徐志摩自我解嘲地说道：“走得太仓促了，就没有好好打扮，只好拿来就仓促穿上了。”韩湘眉不放心，问驾驶飞机的是中国人还是外国人。徐志摩却轻松地说：“这又有什么关系？我总是要飞的。”没想到这一句玩笑话，竟然成了徐志摩的死亡的预兆。

19号的早晨，徐志摩和何竞武一起吃过早饭，然后又给林徽因发了一个电报，便乘上了飞往北平的飞机。谁能想到，这竟成为徐志摩生命中最后一次的旅程。大约在中午12点半的时候，徐志摩乘坐的“济南号”飞到济南城南州里党家庄时，因为前方大雾弥漫，导致飞机撞上了山顶，机身全焚，乘客司机全部烧死了。

此时，身在北平的林徽因，已经在准备即将开始的讲座了，她万万没有想到，向来说话算数的徐志摩这一次失约了。在讲座的会场上，林徽因找了又找，还是没有看到那个熟悉的身影。她还对自己的丈夫梁思成说：“志摩不是那种说了不算的人，他说了要来，就一定会来的。”

20号的早晨，林徽因看到报纸，才知道了“济南号飞机撞山坠落”的消息。这一下子，林徽因惊出一身冷汗，林徽因和梁思成决定马上到胡适家中去。见了面，胡适沙哑着声音说：“我马上就要到中国航空公司去，请他们给南京公司问一问，确定是不是志摩乘坐的那架飞机出了事。”其实，大家都知道，坠毁的这架飞机，应该就是徐志摩乘坐的那架。还没到中午，张莫若、陈雪屏、孙大雨、钱端升、张慰慈、饶孟侃等人都聚集到胡适的家中，来询问徐志摩的情况，胡适家中的电话也一直响个不停。等胡适回来之后，消息终于确定了，徐志摩乘坐的就是失事坠落的“济南号”。听到这一消息，林徽因当场昏倒在椅子上。徐志摩的生前好友，全都沉默了。

有人说，徐志摩的去世全都应该怪在陆小曼的身上，若不是陆小曼挥霍成性，徐志摩就不会为了省钱搭乘免费的飞机，如果当初陆小曼和徐志摩一同到北京去，他就不会因为飞机撞山而去世。陆小曼一下子成了众矢之的。

其实，一直到死，徐志摩都是深深爱着陆小曼的，即使争吵不断，即使陆小曼的灵气不再，徐志摩都在心中希望着能够找回之前的那个陆小曼。尽管陆小曼有很多的让自己不满意的地方，徐志摩还是愿意辛苦挣钱，来为陆小曼编织一个美丽的生活的梦。而陆小曼呢，在听闻了徐志摩飞机失事的消息之后，哭晕了好几次。可见，在陆小曼的心中，徐志摩是非常重要的。然而，现在自己再也没有什么能够补救志摩对自己的爱了，这一去，竟给自己带来了这样沉痛的遗憾！

徐志摩终于飞了，完成了他终生的心愿，死在了自己最爱的飞行途中，他像一只脱离了牢笼的鸟儿一样，自由自在，从此再没有世俗的捆绑来让他烦忧。正如他那首《再别康桥》里写的一样："悄悄的我走了，正如我悄悄的来；我挥一挥衣袖，不带走一片云彩……"

7. 哭摩枉然：最后的时光，沉重的怀念

1931年11月19日，徐志摩乘坐的“济南号”飞机在济南城南州里党家庄因为大雾而撞到山顶坠落，飞机上的人员全部死亡。现代文学家、著名诗人徐志摩，就这样离开了。这是他生平最后一次“飞翔”。

徐志摩的突然去世，对于陆小曼来说，确实是一个不小的打击。她没有想到，前两天还在眼前和自己说笑话的徐志摩，就这样离开了人世，最终实现了他想要一飞的愿望。接到徐志摩飞机坠落的消息之后，陆小曼哭晕了好几次。然而，再多的眼泪，都换不回自己的丈夫了。

一夜之间，美丽动人的陆小曼好像一下子老了几十岁，变成了一个孤独落魄的老太太。上海那种欢歌笑语的生活，突然之间变得好遥远。一开始，她怎么也不能相信徐志摩已经去世的消息。这是玩笑吗？还是对自己的惩罚？陆小曼像一个自欺欺人的小孩子一样，将前来送消息的保君建拦在门外，她甚至以为，只要拒绝接受这一消息，徐志摩就没有死，就会再一次回到自己的身边。每次徐志摩从北京回到上海时，都会亲切地呼唤自己的小名，给自己一个

温暖的拥抱。难道这已经成为过去，再也回不来了吗？但是，无论她的心中怎样不接受这一事实，事情终究已经发生了。“济南号”撞在山顶上的消息已登载在报纸上，这是无法忽略的事实。

徐志摩走之后，陆小曼的生命好像被掏空了一般，对什么都失去了兴趣。之前令自己沉迷的喝酒、打牌、跳舞，此刻都失去了吸引自己的魅力。陆小曼常常在梦里和徐志摩相见，醒来后总是发现泪水打湿了枕头。本来，对于徐志摩出走前两人发生的那一场争吵，陆小曼还心有愧意，想要写一封信给徐志摩道歉，这个机会竟然也没有了。难道徐志摩是故意要这样做的吗？不给自己任何解释的机会，只是留下太多遗憾！

徐志摩下棺的那天，陆小曼几次拍棺痛哭，泣不成声，甚至昏了过去。然而，这样的情形在他人看来，却全然不值得可怜。因为在他们看来，徐志摩的死和陆小曼是有着直接的关系的。徐志摩的父亲徐申如就是这样想，如果当初徐志摩和陆小曼没有到上海去，那么后边的事情就不会发生。徐志摩的好友们则认为，陆小曼平日里的骄横、挥霍，迫使徐志摩不得不到北平去授课挣钱，以此来满足陆小曼的日常花销。而陆小曼不愿意和徐志摩一同北上，更是造成徐志摩死亡的直接原因。由此三点，陆小曼在大家的眼中几乎变成了杀死徐志摩的凶手。甚至，连陆小曼也这样看待自己，心中的悔恨、内疚相互交织，让她承受着巨大的心理压力。在她看来，因为自己而死的，不仅仅是自己的丈夫、亲人，更是一位有着无限发展潜力的现代诗人、作家。越这样想，陆小曼的心理负担越重，整日以泪洗面，无精打采。

似乎是徐志摩的死让陆小曼从生活的梦中醒了过来。感情都是这样，当你拥有它的时候，并不知道它的珍贵，直到失去了，才知道珍惜与遗憾。陆小曼失去了徐志摩，同时也对上海这种欢歌笙箫的日子失去了兴趣。她终于明白，对于自己最重要的是什么。

以前，陆小曼总是在接近中午的时候才起床，然后梳洗准备一个小时。傍晚时候，便打扮得花枝招展的出去和朋友聚会。现在的陆小曼，早已失去了往日的风采。她整日呆在家中，对于化妆打扮也不上心了，总是以一副素面朝天的样子示人。她常常坐在窗户边发呆，或者是向远处眺望。那种眼神，似乎是在寻找着什么，又好像是在回忆过往的欢乐与辛酸。她知道，只要自己一闭上眼睛，徐志摩的音容笑貌便会马上出现在自己的面前。回想起过去，自己好像从来没有这样思念徐志摩，需要徐志摩。有时候，天上飘飘洒洒着一些小雨，陆小曼便会故意打开窗户，让湿冷的空气进入到屋中。天气太冷，有时候她会禁不住打起寒颤，但是尽管如此，她还是不愿意关上窗子，因为她总会在这时想起徐志摩常常说的那句“注意冷气”。除此之外，开着窗户，才能够更好地看见院子里的花。那花开得并不繁盛，稀稀落落的。每到这时，陆小曼又会想起徐志摩常说的那句“花看半开，酒饮微醺，做人亦要点到为止”。如今年年岁岁花相似，而那一同赏花之人却已乘风而去。陆小曼的眼中、心中、生活的每个角落，都充满着徐志摩的影子。

陆小曼在自己房间中最显眼的地方，挂了一幅徐志摩的照片。这幅照片，她总是每天细心清理，别人是不允许触碰的。此后的几十年，这张照片就这么一直挂在墙上，不曾摘下。每到思念情浓之时，陆小曼便会对着照片发呆，甚至会问照片里的人：“你怎么还不回家？什么时候回来？”有时候又会很认真地怪罪照片中的人不来看望自己，让自己一个人过这种清苦难熬的生活。

月有阴晴圆缺，人有悲欢离合。陆小曼不是不明白这其中的道理。然而，对徐志摩的思念仍然像洪水一样，不可阻挡，淹没了她的生活。这深情中，既有爱不完的思念，更多的是无法补偿的遗憾。徐志摩的一些好友，甚至因为这件事而将陆小曼视作仇人，从此不和陆小曼来往。这些对于陆小曼来说，都不是什么重要的事情，因为对于自己来说最重要的那个人，永远回不来了。

对于一个曾经风光无限的交际花来说，众人的喝彩，聚光灯的所在，是多么让人值得骄傲的事情啊！但是，在陆小曼看来，这些都是过眼云烟了。伴随着丈夫徐志摩的去世，陆小曼也渐渐淡出了大家的视线，不再出现在各种酒会、牌桌上。她像一个饱经沧桑的老妇人一样，深居简出，平淡低调地生活着。过去，因为有徐志摩的支持与帮助，陆小曼能够随心所欲地过自己想过的生活。钱不够用，徐志摩会去挣，自己只要会打扮、会与朋友交际就行了。现在，一切都没有了，没有了徐志摩，陆小曼就像一只失去了翅膀的鸟儿，感觉生活上处处受到限制。未来的一切挫折一切困难，都要自己来面对了。柴米油盐酱醋茶的现实生活，对于此刻的陆小曼来说，还有些过于陌生，但是，她总要学会去处理，去解决现实中的各种纷争。

此前徐志摩一直想让自己帮他写的书作序，陆小曼总是借故推脱，那个时候，她把大量的时间都花在喝酒、打牌、跳舞这些事情上。这让徐志摩有些失望，最后只好自己动笔来写序言。陆小曼曾想给徐志摩写一些信，来向他解释自己的过错，现在也没有机会了。世事难料，谁知道下一秒会发生什么呢？现在，陆小曼终于实现了徐志摩生前对她的愿望：离开上海夜生活，写作学习，一同进步。陆小曼决定，利用自己的全部力量，为徐志摩做一点最后的事，那便是编写文集。这也是之前她一直想做的，一直拖延而没有做成。现在终于有了这份心境，只怕是于时太晚了。不知徐志摩会不会怨自己呢？陆小曼知道，编写出版文集不是一件容易的事，需要解决很多问题。但是，她决定不再后退，而是迎难而上，毕竟，这是自己能够为徐志摩做的最后一点有意义的事情了。徐志摩走了，哭泣亦是徒劳无功的，只希望他在天之灵，能够体会自己的这一番深情吧。

8. 编书答君：出版遗作缅志摩

徐志摩死后，陆小曼一度有些消沉，不出门、不打扮，整日穿着素服，无心梳洗。她不是对着墙上的照片发呆，就是打开窗子，对着稀稀落落的花朵回忆往事。想到过去，徐志摩曾经表示希望她能够写一些文章，帮自己的书做一些序言，她却因为忙于聚会，而找各种借口推辞了。一次又一次的失望，在徐志摩的心中慢慢堆积起来，现在终于变成了不可实现的遗憾。这遗憾，像一块大石头一样压在陆小曼的心中，常常让她夜不能寐。为了弥补徐志摩的这个愿望，陆小曼决定要为徐志摩做一件事，那就是编写并出版文集。

在给胡适的信中，陆小曼曾经说过这样的话："看看我的白发老娘，还是没有勇气跟着志摩飞去天外，看来我的罪尚未了清，我只得为他再奋斗一下。……我，生前无以为他，只得死后来振一振我这一口将死的气，做一些他在时盼我做的事吧。"

然而，编写文集并非一件易事。既然决定要做这件事，陆小曼马上开始四处奔波，寻找能够帮助自己的人。在《徐志摩全集》出版过程中，徐志摩的学生赵家璧给予了不小的帮助。徐志摩逝世之后，有一篇遗作《秋》留在了赵家璧的手中，赵家璧想尽快把这篇遗作发表出去，以此来告慰恩师的在天之灵。赵家璧希望在发表《秋》的时候能配上一张徐志摩的照片，就前去拜访了陆小曼。陆小曼得知赵家璧有这一举动之后，感到非常欣慰。在与赵家璧交谈的过程中，陆小曼拿出了徐志摩的其他遗稿、日记、书信等文字，希望赵家璧能帮忙整理。赵家璧在看到这些书稿之后建议陆小曼为徐志摩出版一套全集，既可寄托哀思，也是对现代文学的一大贡献，这一点与陆小曼的内心不谋而合。

有了这个念头之后，陆小曼和赵家璧开始分头搜寻徐志摩发表在全国各地以及国外的文章和资料。为了能更完整地出版徐志摩的文集，赵家璧拜访了徐志摩生前的诸多好友，包括郑振铎、周作人、冰心、胡适等人，向他们提出了出版徐志摩全集的目的和计划，得到了他们的大力赞扬和支持。

1931年12月，陆小曼接到邵洵美的邀请，为徐志摩的遗作《云游》作序，序言中提道："我现在居然还有同志摩写一篇序的机会，这是我早就答应过他而始终没有实行的，将来我若出什么书是再也得不着他半个字了，虽然他也早已答应过我的。……我眼前只是一阵阵的模糊，伤心的血泪充满着我的眼眶，再也分不清白纸与黑墨。志摩的幽魂不知到底有一些回忆能力不？我若搁笔还不见持笔的手！"这一序言，终于让陆小曼的遗憾减少了几分。可惜的是，最想看这序言的人——徐志摩却早已化作一阵清风离去。

一旦起了头，后边的事情就变得容易了许多。陆小曼为徐志摩编写文集的工作也步入了正常的进程。经过一段时间的整理，陆小曼帮徐志摩出版了《眉轩琐语》。这本书是徐志摩在1926年到1927

年间写成的。

1936年，出版的《爱眉小札》更是引起了当时的轰动。当年，正是徐志摩诞生四十周年，同时也是他罹难五周年。陆小曼为了在这个特殊的日子里表达自己对于徐志摩的思念，将自己整理编选的《爱眉小札》交给出版社出版了。这本书并不厚，全书一共才有两百页左右，其中收录的主要是徐志摩在北京和上海两地生活时所写的日记，另外还有四分之一的部分是陆小曼的日记，这些日记主要写作于1925年3月11日至7月11日之间。

书名中的"眉"字即是陆小曼的名字。信中充满的都是徐志摩对陆小曼真诚热烈的爱意。因为两人当时正在热恋当中，而徐志摩和陆小曼又都是感情直率、懂得浪漫的人，因此，信中的话语有时候像蜜一样浓得化不开，有时又像春风一样充满着柔情。例如，在徐志摩写给陆小曼的信中，曾这样说过："我不在时你想我，有时很热烈地想我，那我信！但我不在时你依旧有你的生活，并不是怎样地过不去；我在你当然更高兴，但我所最要知道的是，眉呀，我是否你'完全的必要'，我是否能给你一些世上再没有第二人能给你的东西，是否在我的爱你的爱里你得到了你一生最圆满、最无遗憾的满足？这问题是最重要不过的，因为恋爱之所以为恋爱，就在它那绝对不可改变不可替代的一点。"

而在陆小曼写给徐志摩的信中，也有："我的肝肠寸寸地断了，今晚再不好好地给你一封信，再不把我的心给你看，我就不配爱你，就不配受你的爱。我的小龙呀，这实在是太难受了，我现在不愿别的，只愿我伴着你一同吃苦——你方才心头一阵阵地作痛，我在旁边只是咬紧牙关闭着眼替你熬着，龙呀，让你血液里的讨命鬼来找着我吧，叫我眼看你这样生生地受罪，我什么意念都变了灰了！你吃现鲜鲜的苦是真的，叫我怨谁去？”因此，当《爱眉小札》出版时，可谓是哄抢一空。

今天所见到的《爱眉小札》，一般有两个版本。其中一个版本是上海良友图书公司在1936年1月出版的“真迹手写本”。这个版本中收录徐志摩在1925年8月9日到31日，9月5日到17日的日记手写影印本，是十分珍贵的历史资料，具有很高的价值。另外一种版本是铅排本，是由上海良友图书公司于1936年3月出版的。在这个版本中，除了收录之前的内容外，还增加了徐志摩在1925年3月3日到5月27日写给陆小曼的11封信，另外还增加了陆小曼在1925年3月11日到7月11日写的《陆小曼日记》，因此，在内容上比之前那个版本要丰富很多。两种版本各有优点，但是相同点在于，都表现了徐志摩与陆小曼之间真挚热烈的爱恋。

除此之外，陆小曼还帮助徐志摩整理了《志摩日记》。在这本书的序言中，陆小曼这样写道：“飞一般的日子又带走了整整的十个年头儿，志摩也变了五十岁的人了。若是他还在的话，我敢说十年决老不了他——他还是会一样的孩子气，一样的天真，就是样子也不会变。可是在我们，这十年中所经历的，实在是混乱惨酷得使人难以忘怀，一切都变得太两样了，活的受到苦难损失，却不去说它，连死的都连带着遭到了不幸。《志摩全集》的出版计划，也因此搁到今天还不见影踪。……于是我把已自‘良友’按约收回的《爱眉小札》的版权和纸型交给他们，另外拿了志摩的两本未发表的日记和朋友们写给他的一本纪念册，一起编成这部《志摩日记》，虽然内容很琐碎，但是当做纪念志摩五十诞辰而出版这本集子，也至少能让人们的脑子里再涌起他的一个影子罢！”可以由此看出此时的陆小曼还是在思念着徐志摩，满怀着对徐志摩的爱意与遗憾。在这本书中，共收录有《西湖记》《眉轩琐语《一本没有颜色的书》《爱眉小札》以及《陆小曼日记》等。

在这里不得不提到一件事，作为徐志摩的好友，当时胡适的反应却很冷淡。赵家璧猜想有两方面的原因，一是胡适认为徐志摩的死，陆小曼有不可推卸的责任；二是在徐志摩死后，胡适多次劝说陆小曼离开翁瑞午，均被陆小曼拒绝。所以胡适听到陆小曼想要出版《徐志摩文集》的时候，就表现得不是很热衷。

当时，赵家璧将搜集到的所有资料整理出了10卷共100万字的文集，交给了自己所在的良友图书出版公司的总经理。就在文集要走出出版的第一步的时候，胡适竟出来横生枝节。

1936年10月胡适来到上海，他找到陆小曼，表示徐志摩的文集放在“良友”出版不合适，而应该交给商务印书馆。而且他表示已经联系了商务印书馆的总编王云五，王云五也答应可以先支付1000元的版税。这对经济困难的陆小曼来说是个不小的诱惑。随后，陆小曼将自己的打算告诉了赵家璧。赵家璧见陆小曼已经作了决定，也不好再说什么，只是单纯地希望胡适能把北方那些朋友手中的信件收集起来，让文集更加完整，也就对得起老师的在天之灵。

可是这一愿望终又成了泡影，就在商务印书馆准备出版《徐志摩文集》的时候，“八•一三”战争爆发，上海被日军占领，商务印书馆要南迁，出书一事就被搁置下来。不过商务印书馆答应陆小曼，等安定下来一定尽快出书。谁知这一等就是数年，在此期间，陆小曼备受煎熬。

好容易等到抗战结束，陆小曼来到商务印书馆询问书稿的下落。但是由于商务印书馆工作场所几经辗转，这批书稿最终落在哪里，连馆内的人也不知道了。得知这一情况，陆小曼懊悔不已。想到当初听从胡适的安排，将原本已被良友出版社排上出版日程的书稿交给了商务印书馆，才导致了今天的局面。面对赵家璧的时候，陆小曼的内心除了失望就是懊悔。

事实上，这批书稿没有丢失，在抗战胜利后，香港商务印书馆编审部的工作人员不仅保留下了全部书稿，而且将书稿进行了进一步的整理、校对、编排，最后还打印出了纸样。不久，商务印书馆的总经理、徐志摩的老朋友朱经农将这一消息告诉了陆小曼，表示他一定会把书稿找回。得知这一消息之后，陆小曼高兴得手舞足蹈。

得知书稿还在的消息后，陆小曼马上打电话告诉了赵家璧，两个人商量着怎么才能将这些书稿尽快出版。但是当时国内的局势风云变幻，将书稿进行排版印刷的可能性根本没有。而且，虽然知道了书稿的下落，但是由于战争的影响，这些书稿并没有及时地交到陆小曼的手里。

直到1954年，陆小曼才拿到了这批书稿，商务印书馆将书稿的纸型寄给陆小曼，并告诉她因为不合时代，暂时不能出版，稿子可以退还，预付版税，不再追还。虽然暂时不能出版，但是拿到书稿的陆小曼心中充满了希望，她认为只要书稿还在，总有一天能出版。然而，她却最终没能等到《徐志摩全集》的出版。

不论生前怎样，在徐志摩死后，陆小曼确实为徐志摩做了一些事情。编写文集不是一件容易的事，但是陆小曼从没有想过放弃，这其中，自然少不了朋友的帮助，但是，陆小曼自己的努力也是不可忘记的。在四大册的《徐志摩全集》结束时，陆小曼也彻底戒掉了鸦片，把生活的重心放在了绘画艺术上。

1983年，商务印书馆香港分馆综合编辑部决定把旧编《志摩全集》合编成5卷，计诗集1卷、散文集2卷、小说集1卷、戏剧和书信1卷，改名为《徐志摩全集》，在香港正式出版，使用由陆小曼与赵家璧编辑的原有清样和纸型。此时，离《志摩全集》编辑完稿整整过了50年，而陆小曼也已长眠于地下18年。但是她和赵家璧搜集整理的《志摩全集》历尽劫难最终得以出版，也算是兑现了她对徐志摩许下的承诺。

第四章　善待友人：绵绵数十载，寥落见人心

王亦令在《忆陆小曼》一文中说："凡是认识陆小曼的人，几乎异口同声称赞她宅心忠厚、待朋友热情、讲究义气。甚至有人作出这样的评论：男人中有梅兰芳，女人中有陆小曼，都是人缘极好，只要见过其面的人，无不被其真诚相待所感动。她绝不虚情假义敷衍他人，而是出于一片赤子之心。"

1. 陆小曼的前夫王赓

陆小曼的一生有过几段爱情，其中与徐志摩之间的爱情更是流传至今。但是，陆小曼的第一任丈夫王赓，其实也是个出类拔萃、非常优秀的男人。因为他的大度，陆小曼才得以与徐志摩结婚。所以，这么看来，在陆小曼与徐志摩的婚姻中，王赓也算是一位事中人吧。

1895年5月，王赓出生在江苏无锡。王家本来也是官宦世家，可是后来家道中落。因此，要想成为人中龙凤，只得依靠自己的努力上进才行。王赓从小爱学习，曾经在北京的安定学堂和清华留美学堂接受了早期的中国式教育，后来又到美国的普林斯顿大学和西点军校接受了西方式教育。更值得一提的是，在西点军校学习期间，王赓在毕业时的成绩，排在全年级137名学生中的第十二名，可以说是成绩十分优异。1918年的时候，王赓毕业回到祖国，在北洋陆军部就职。这一年，王赓二十四岁。

此时的王赓还不知道未来会有怎样的命运在等待着自己。另一边的陆小曼在二十岁的时候，“南唐北陆”的声誉已经传遍了京城。陆小曼受过中国的新式教育，气质自然与众不同，再加上又有三年的社交生活，会见宾客早已变得落落大方，毫不拘束，别有一番自然天成的风采。而这位外交场上正在冉冉升起的新星，却没有想到自己会早早地步入婚姻生活，而且结婚的对象还是一位自己并不熟悉的军官。当时来陆家提亲的人可以用络绎不绝来形容。但是，陆小曼的父母亲却不想将这颗掌上明珠仓促地嫁出去。尽管那些提亲者个个家世显赫，而且每每登门必然会带来成箱成柜的鹿茸、扇贝、驼峰等名贵的食材。但是，陆家还是不买账。正是这种对于女儿婚事“宁缺毋滥”的态度，让二十七岁的青年才俊王赓走入了他们的视线。当陆小曼的父母见到气宇不凡、谈吐有礼的王赓时，当即在心中就决定把女儿嫁给他。

婚后的生活并不像陆小曼想象的那样，实际上王赓是个“工作狂”。因为多年军队的训练，让他保持了规律的作息时间。每天早早地就起床工作，晚上才回家。但是，陆小曼还是二十多岁的灿烂年华，对于这样一个女孩子来说，内心对于浪漫爱情的渴望，对于甜蜜热恋的期盼是再自然不过的。与徐志摩结识后，陆小曼慢慢地对徐志摩产生了感情，也知道了人的婚姻是不能由别人作主的。于是便有了那个传奇的离婚事件。

听说了陆小曼与徐志摩的事情之后，王赓曾经给陆小曼发过一封电报，电报上说：“如念夫妻之情，立刻南下团聚，倘若另有所属，决不加以拦阻。”然而，这封电报对于一个正在热恋中的女人来说，丝毫不起作用。此时的王赓，已经是五省联军总司令部的参谋长了，但他明白，这件事情是不能用枪杆子解决的。毕竟，王赓受过多年的新式教育，绝不是那种头脑简单，只懂得用枪拼杀的人。

在与陆小曼办完离婚手续之后，王赓当着徐志摩和陆小曼的面，说了这样一段话："我们大家是知识分子，我纵和陆小曼离了婚，内心并没有什么成见；可是你此后对她务必始终如一，如果你三心两意，给我知道，我定会以激烈手段相对的。"这样的大度，这样的宽容，不禁让人对王赓充满了敬意。

然而，离婚之后的王赓，生活却不如人意。1932年的"一•二八"上海保卫战期间，王赓不幸落入日本人手中。1932年2月，王赓独自一人到上海租界去找坎宁安将军。坎宁安将军既是驻上海的美国总领事，同时也是王赓的朋友。然而，等到王赓抵达上海之后才知道，驻上海的美国总领事馆早已搬迁走了。在这样危机的局面下，王赓急急忙忙地走进了一家英国酒店。但是，他还是被巡逻的日本陆战队发现了，并被日本陆战队扣留。上海租界的国际调停局听说了这件事，马上前去交涉。一直到三天之后，王赓才被放出来。可是，就在这时，日本情报官发现王赓的身上带着军事地图。要知道，在战争期间，一幅军事地图是何等的重要。日本兵从这张军事地图上发现了当时第十九路军的战略部署计划，便利用这一重要信息，在上海保卫战中打败了第十九路军。

其实，王赓并没有主动交出军事地图，也没有泄漏军事机密。然而，因为他曾被日本陆战队关押过，并且后来第十九路军在上海保卫战中受到重创，因此，第十九路军认为是王赓把情报卖给了日本人，便将他押送到南京军事法庭，给他扣上了"间谍"的帽子。就这样，已经做到"税警总团"第二任总团长的王赓进了监狱，不仅丢了官职，还背上了一个大黑锅。直到一年之后，他才被释放出来，继续在税警总团任职。

1933年，王赓曾到过德国。在1935年的时候，王赓回国之后在铁道部就职。俞大维是当时的军政兵工署署长，后来还担任了国防部部长一职。俞大维劝王赓说：“为什么不再回到军队担任军职呢？”听了这话，王赓回答说：“我是一名军人，如果国家再来一次对外战争，我自然会主动向前，征战沙场，决不后退。”王赓的军人情怀和大将风度，在这句话中表露无遗。两年之后，也就1937年，震惊世界的卢沟桥事变发生了。王赓果然没有食言，说到做到，马上到兵工署去报到，体现了一名军人的责任感。开始军队上派他担任兵工研究委员，后来又让他做了兵工署昆明办事处的处长。由此可见，军队上对于王赓的信任，而这其中重要的原因，也是因为王赓本人的学问、作战经验、为人品行都是数一数二的。

1942年，中国派出军事代表团到美国去访问。熊式辉担任代表团团长，王赓也在这个代表团当中。谁知道，就在这次的访问中，王赓旧病复发，最终在埃及开罗病逝，年仅四十八岁。

陆小曼的侄孙邱权曾经这样评价王赓：“王赓这个人太善良，他把所有人想得都是和他一样，所以觉得自己没空，那么徐志摩是我的好朋友，那你正好可以帮我这个忙，把我太太精神上面的寂寞和空虚可以解决。”殊不知，对朋友徐志摩这样的信任，对妻子陆小曼这样的大度，竟在侧面上亲手结束了自己的婚姻，成全了陆小曼与徐志摩。甚至，就在陆小曼强烈要求离婚的时候，还怀有王赓的孩子。邱全说：“我姑婆和王赓离婚的时候，她已经怀孕了，但是陆小曼非要把这个孩子给打掉，当时那个社会里，堕胎好像是很不传统的那么一回事，但是我姑婆是很坚持(堕胎)。”可见，当时陆小曼要与王赓离婚的决心是非常坚定的，同时也可看出陆小曼对于王赓的绝情。后来，陆小曼嫁作他人之妻，与徐志摩过上了另一段婚姻生活。徐志摩去世之后，陆小曼又与翁瑞午同居在一起。而她的前夫王赓则终身未再娶，孤独一生。

王赓就是这样一个人，用文武双全来形容他一点也不为过。他的一生，既有战火连天的岁月，也有儿女情长的缠绵，就像是一颗冥星一样悬挂在高高的天空中，永远在历史的书册上留下了自己的印记。尽管后来，人们总是提起陆小曼与徐志摩之间的爱情，但是不能忘记，这段感情中，最大的奉献着与牺牲者大概是王赓了。

2. 求助胡适

曾经有人这样评价胡适："未见胡适已倾心，一见胡适误终身。"由此可见胡适在他人眼中，特别是在女性眼中的地位。

1891年，胡适出生于徽州绩溪。在他13岁的时候，跟随哥哥到上海去读书。临行之前，他的母亲给他定了婚事，这在当时并不罕见。对方是当地的望族——江家的千金江东秀。受过新式教育的胡适对于这样的包办婚姻自然不感兴趣，但是却对守寡二十多年的母亲十分孝顺，因此最终答应了下来。1917年，胡适获得了美国哥伦比亚大学的哲学博士学位，回国之后被北京大学聘请为教授。这年年底，胡适与江东秀在老家举办了婚礼。

今天我们再看胡适先生的照片，从眉宇间还可看出他的神采，他的气质。在当时，这位著名才子更是在文学圈、交际圈都享有极高的声誉。甚至说，凡是女性见到胡适，都会被他吸引也不为过。照片中的胡适，微微带着笑意，一双明亮的眼睛透露出智慧与谦和。除去外表上的俊朗，胡适在学术上的追求、人格上的进步同样是他具有吸引力的关键。

胡适是我国新文化运动的领袖之一，同时也是第一个站出来提倡使用白话文、写作新诗的人。这对于中国语言、文学甚至近代历史的发展，都有着不可忽视的重要作用。除去这些方面，胡适在哲学、考据学、教育学、伦理学以及红学等领域都有很深的研究，是一位国学功底深厚，同时思想先进的青年。这样的男子，自然少不了女性的追求。胡适并不是没有动过与包办婚姻的妻子江东秀离婚的念头。可是，当他提出这个意思的时候，没想到妻子江东秀竟拿起了家中的菜刀，对胡适吼道："想离婚可以，先杀了我和你的两个儿子！"这倒让胡适吃了一惊。有了这件事，胡适再也没动过离婚的念头。但是，这位才子的感情经历却没有因此而变得乏善可陈。其中，陆小曼也算那么一位。

其实，胡适与陆小曼的认识，早于徐志摩。徐志摩和刘海粟曾听胡适说陆小曼是"一道不可不看的风景"。当时，陆小曼早已成为京城中的著名交际花。无论是相貌、气质，还是对于绘画、跳舞等都高人一筹，风采出众。从这说来，徐志摩与陆小曼的相识，确实是由胡适介绍的。

徐志摩去世之后，陆小曼也与胡适有过通信来往，其中有两封信是这样写的："我们虽然近两年来意见有些相左，可是你我之情岂能因细小的误会而有两样么？你知道我的朋友也很少，知己更不必说，我生活上若不得安逸，我又何能静心的工作呢？这是最要紧的事。你岂能不管我？我怕你心肠不能如此之忍吧！""我同你两年来未曾有机会谈话，我这两年的环境可说坏到极点，不知者还许说我的不是，我当初本想让你永久的不明了，我还有时恨你虽爱我而不能原谅我的苦衷，与外人一样的来责罚我，可是我现在不能再让你误会我下去了，等你来了可否让我细细的表一表？因为我以后在最寂寞的岁月愿有一二人，能稍微给我些精神上的安慰。"这样的话语，若说只是普通朋友的关系，未免有些让人不能相信了。

为了能够给徐志摩编写文集，陆小曼曾经找到过胡适，希望能够给自己一些帮助。但是，胡适却向陆小曼提出了一个要求，那就是离开翁瑞午，到北京去生活，由胡适来照顾陆小曼今后的一切事宜。当时，陆小曼已经和翁瑞午在一起生活了。翁瑞午照顾陆小曼很多年，不论是生活中的细致照料，还是精神上的温柔安慰，都让陆小曼很感激。也许，陆小曼对于翁瑞午没有惊心动魄的爱情，但是一定有细水长流的感情。特别是这份情是在徐志摩走后得到的，陆小曼自然会异常珍惜。胡适的这个意思，是要将陆小曼带到自己的身边，陆小曼自然不愿意离开翁瑞午。另外还有一个原因就是，陆小曼的一生也可以说是坎坷不顺了，先是与王赓离婚的事惊动了京城；和徐志摩结婚之后，又常常发生争吵；徐志摩飞机失事之后，对自己好的也就剩下身边的翁瑞午了。而此时的陆小曼，也早已看淡了许多，从前迷恋的那些聚会、跳舞，著名交际花的头衔，对于自己都失去了意义，只想着清清静静地过完自己的一生。若是再到北京去，免不了又是一番是非，惹人争议。因此，她拒绝胡适的好意，也可以看作是对自己的一种保护。

胡适的要求被拒绝之后，陆小曼为了整理徐志摩的文集的事情又找过胡适。但是，胡适对于这件事好像没有什么兴趣，在陆小曼请他帮助收集徐志摩的文集和信件时，胡适常常是置之不理。若想帮忙，就要陆小曼答应自己的条件。这在陆小曼看来，俨然变成了交易一样。因此，陆小曼慢慢地和胡适的联系变淡了，直到后来，两人不再来往。

新中国成立之后，胡适在政治舞台上多有活动，开始在上海生活，又到过美国当说客。1952年，胡适曾经想在台湾推行民主政治，还一度和蒋廷黻组织起了反对党。谁料，在与蒋介石讨论之后，胡适的提法遭到了反对，组织反对党的事情也失败了。1954年，胡适已经64岁了，还在台湾参加了“第一届国民大会第二次会议”，并担任了“临时主席”一职。1955年，中国大陆开始了批判胡适的运动。1958年之后，胡适就到台湾定居了，最终在1962年病逝于台湾。

而这时的陆小曼，则一直生活在上海，生活上也没有什么大的波澜，整日深居简出，呆在家中看书写文章。虽然求助胡适无果，但是帮助徐志摩整理出版文集的心愿也算是实现了。1958年的时候，陆小曼被安排在上海文史馆工作。两年之后，她成为上海中国画院的专业画师。1959年，陆小曼还被评为了“三八红旗手”。1965年，陆小曼病逝于上海华东医院。

胡适与陆小曼，一位是学识渊博的绅士，一位是曾经声名在外的名媛，在短暂相识之后，最终断了联系，生命的线路也再无交集。

陆小曼病逝之后，不仅给人们留下了珍贵的《爱眉小札》《徐志摩诗选》等文集，还有很多书画作品。其中，大部分都是在徐志摩去世之后创作的，可见，此时的陆小曼早已洗尽铅华，看淡人生了，才有这样清雅的心境进行绘画创作。这一点，也是徐志摩生前一直希望陆小曼做的事，尽管徐志摩带着遗憾离开了人世，但陆小曼并没有忘记。

这样一道“不可不看的风景”，终究没有被胡适收到自己的窗前。对于胡适来说，这也许是个遗憾，但对于陆小曼来说，却可能是个正确又聪明的选择。假设陆小曼当时北上，那么此后的生活定会跟随胡适东跑西颠，飘摇不定。真是那样，今天她也就不会有这么多珍贵的文学作品和书画作品流传于世了。

3. 家里来了俞珊

陆小曼，这位当时红遍大江南北、名声传遍京城内外的名媛，竟然也会在婚后对丈夫徐志摩吃醋。这让很多人看来也许有点不可思议。毕竟，陆小曼与徐志摩，一个是“北京城里一道不可不看的风景”，一个是浪漫主义的灵魂诗人，这两个人的婚姻应当是天造地设、完美无缺的啊！那么，这位让陆小曼心生醋意的女性又是谁呢？谁能有如此之大的魅力吸引住徐志摩的眼睛呢？她就是当时红极一时的女演员——俞珊。

1908年，俞珊出生在浙江山阴。俞珊的祖父俞明震，曾经在南京陆师学堂附设云矿路学堂担任监督一职，也就是今天所说的校长，他还是文学大师鲁迅的老师。俞珊的祖母更是晚清重臣曾国藩的孙女。俞珊的父亲俞大纯早逝。少年时，俞珊曾经在天津南开女中学习，后来又到上海国立音乐学院学习，最终在南京金陵大学毕业。俞珊不仅精通英语，在戏剧表演上也有一定的成就。1929年的时候，田汉曾经到南京金陵大学拍摄《湖上的悲剧》这部话剧，见到俞珊之后，被她那双令人销魂的“金色眼睛”以及表演天赋所打动，便邀请她参加到南国社来。俞珊果然没有让田汉失望，很快变成了南国社发展的顶梁柱，成为一颗新星。加入南国社的这一年夏末，南国社公演了英国作家王尔德写的著名剧作《莎乐美》，俞珊担任主角。她的表演，让那位犹太公主的形象生动地“活”在了舞台上。紧接着，俞珊又参加了南国社第三期公演，这次主演的剧目是由田汉改编的《卡门》，俞珊又一次靠自己出色的表演天赋，塑造了一位向往自由、敢于争取自由、勇于反抗的吉普赛少女。很快，俞珊的名气便传遍了大街小巷。喜欢俞珊的观众不计其数，对其迷恋程度可以用“追星族”这个词来形容。其中，有这样一位粉丝很引人注目，他便是徐志摩。

当时的徐志摩，已经和陆小曼结了婚，在上海生活。因为徐志摩在南国艺术学院任教，所以很容易认识俞珊。在徐志摩的书房里，还有一张俞珊在《莎乐美》里面的剧照。照片中的俞珊是什么样子呢？根据年幼时曾经住在徐志摩家中的何灵琰回忆，照片中的俞珊“穿着舞衣，描眉画眼，一腿跪在地上，手中托了一个盘子，盘中一个人头，当时又想看又怕看，徐干爹说是什么《沙洛美》（莎乐美）的剧照。”可见徐志摩对其表演的喜爱程度。令人没想到的是，在俞珊这张剧照的旁边，徐志摩竟然挂着一件俞珊的舞衣。而舞衣的旁边就是陆小曼小时候穿过的三寸金莲鞋子。将一位女演员的舞衣和自己妻子的鞋子放在一起，怎么能不让人多想呢？从这看来，徐志摩对于俞珊，可能不仅仅是“追星”的心态了，很有可能这位风流才子已经被这位美人所征服，至少可以说是打动了徐志摩的内心。当时在南国社担任编剧的是吴似鸿。他在《怀念南国社导师田汉》这本书中这样描述了俞珊：“她是南京中大艺术系的女学生。会弹钢琴，会唱京戏，又会讲英语，性格开朗，身材丰满，脸相美丽。”

尽管俞珊是这样的美丽、富有才情，但是要让陆小曼像徐志摩一样去欣赏她、称赞她，甚至是迷恋她，那是绝对不可能的。要知道，爱情都是自私的，谁会希望自己的丈夫多看别的女人一眼呢？更何况是像徐志摩这样，把另外一个女人的舞衣挂在自己的书房里。这也难怪陆小曼要对此有所不满了。

一次，俞珊到上海演出。徐志摩当然不会错过这次好机会，便和几个俞珊的“粉丝”一同挤在后台看俞珊化妆。谁想到，俞珊突然喊起来：“哎呀，真是要命，我要小便！我要小便！”这一喊不要紧，徐志摩居然认认真真、匆匆忙忙地开始找起东西来，最后双手捧出一个痰盂，一路小跑地来到俞珊面前，嘴里还念念有词地说：“痰盂来哉！痰盂来哉！”也不知道这是读书读得太多，以至于有点书呆子的心性，还是习惯了直率天真的行事作风才会如此。总之，从这件小事就可以看出，此时的徐志摩对俞珊可谓是献尽殷勤。

徐志摩的妻子陆小曼对于这件事自然是不满意的。当时，为了演好《卡门》中卡门这一角色，俞珊常常到徐志摩的家中，请教表演的事情。一旁的陆小曼看到这个场景，心里总会有些不舒服。时间久了，醋意越攒越多，终于爆发了。陆小曼对徐志摩说：“你可不能用辜鸿铭的茶壶的比喻来当借口，就去多放几个茶杯。要知道，你可不是我的茶壶，而是我的牙刷。我也不是你的茶杯。茶杯是没法拒绝别人倒茶的，但是牙刷不同，牙刷却是不能共用的，你听见有人和别人共用牙刷的吗？”这句话的意思再明显不过了，显然是因为徐志摩和俞珊的来往，让陆小曼吃醋了。

其实，不管是“茶杯”还是“牙刷”，在陆小曼的心里，徐志摩是自己的丈夫，是完全属于自己一个人的。而自己作为徐志摩的妻子，也是完全属于他的。然而俞珊的到来，似乎破坏了这种关系之间的平衡。在此之前，无论是保守传统的张幼仪，还是别具风光的林徽因，对于陆小曼来说，似乎都不如俞珊的“威胁”大。因为比起自己，俞珊更像是一团火焰，充满着热情和活力，而丈夫徐志摩又是那样地浪漫多情，再加上之前“舞衣”与“痰盂”事件，也难怪陆小曼要吃醋生气了。不可否认的是，这其中陆小曼也许还有点担心呢。虽说陆小曼已经是当时社交场合不可不提的大红人，可是面对自己的婚姻生活，没有人是能完全不在意这种事情。

然而，社会局势的发展很快便打消了陆小曼的担心。虽然在1930年左右，这种摩登的、性感的女性形象正流行在上海、天津等大城市，叶灵凤在《流行性感冒》中将女性的人体比作是“一九三三型的新车”，穆时英在《白金的女体塑像》中用“金属性的、流线感的白金塑像”来比喻女性的人体。在南国社里，除了享誉盛名的俞珊，还有王莹、胡萍等一些女演员，同样塑造的都是独立、崇尚自由、开放的新女性形象。这些女演员不仅和男演员一同拍戏，有时还会一起结伴外出游玩。然而，这在当时的社会来说，真是太不合规矩了。因此，这些女演员在当时人们的眼中就是一帮“上不了大雅之堂”的戏子。而俞珊的父亲俞大纯也认为俞珊这份职业有损家风，不是名门淑女该有的工作，便用断绝父女关系来要挟俞珊，要她退出南国社，从此不再演出。最终，俞珊被命令留在了南京。1933年12月，《北洋画报》上刊登了一张照片，并标明是《俞珊女士新婚倩影》，俞珊的丈夫赵太侔是国立山东大学的校长，比她大了二十多岁。为了和俞珊结婚，赵太侔还和妻子离了婚。 两个人的婚姻同样充满着戏剧性事件，甚至都受到了报社的关注，专门进行了报道。

1968年4月24日，赵太侔与俞珊离婚后，在青岛投海自尽。同年，俞珊也去世了，终年60岁。这个曾经轰动一时的美丽女演员，终于落下了人生的帷幕。再提到她时，不知还有没有人记得陆小曼对徐志摩说的“茶杯与牙刷”的比喻。至少在今天，陆小曼的名字一直在流传着，而俞珊的名字却渐渐消失在人们的视线中。这对于陆小曼来说，也许是另一种安慰吧。

4. 女友赵清阁

在陆小曼的一生中，其生活基调大致可以分为两个阶段。前半生对打牌、唱歌、跳舞等聚会活动充满热情。无论是在和王赓结婚期间，还是与王赓离婚、成为徐志摩的妻子之后，陆小曼几乎把一多半的时间都花在了社会交际上。当时，“南唐北陆”的名号绝不是空穴来风。在陆小曼移居上海之后，对于聚会的热情也没有降低半分。为此，她还常常和徐志摩发生争吵。然而，在徐志摩去世之后，陆小曼在悲痛之余也改变了自己的生活方式，从前的浓妆艳抹变成了素面朝天，从前的盛装出席变成了整日穿着素服，并且很少出门，而是呆在家中看书。在这跌宕起伏的人生中，陆小曼自然也结识了不少朋友。有些人在徐志摩去世后就与陆小曼断绝了来往，而赵清阁则恰恰相反，是在徐志摩去世之后才与陆小曼认识的，并很快建立起深厚的友谊。

赵清阁是著名的女作家、编辑家和画家。曾用笔名清谷、铁公、人一等，和齐白石、刘海粟、郭沫若、茅盾以及老舍等都有很深的情谊。1914年，赵清阁出生在河南省信阳县的一个地主家中。赵清阁的祖父是清朝的举人，舅舅是晚清的进士。她的母亲更是一名多才多艺的女性，不仅善于刺绣等女工，还能诗会画，这给年幼的赵清阁留下了很深的印象。可惜的是，在赵清阁五岁的时候，母亲就去世了。之后，赵清阁到舅舅家生活，但是学习并没有中断，一直和表兄妹在学习传统诗书。八岁的时候，赵清阁到了省立女师附小读书。

然而接下来的家庭变故让赵清阁产生了脱离封建家庭的念头。因为父亲又娶了一位新太太，这让赵清阁感到很不适应，因为她并不喜欢这位新妈妈。多亏有宋若瑜夫人的帮助，让赵清阁学会了文学创作。这就好像为她的生活打开了一扇新的大门。从此，生活中的烦恼，内心的孤独都有了一个可以倾诉的地方。但是，在赵清阁即将初中毕业的时候，却听见了父亲和继母的打算，原来他们希望赵清阁初中一毕业就早早地嫁人，这和赵清阁的理想是完全违背的。这样一来，赵清阁离开这个封建家庭的愿望更加强烈了。

此后的赵清阁，依然奋发读书学习，没有放弃文学创作。尽管后来有病痛的困扰，但赵清阁依然勇敢地同病魔做斗争。她曾说：“如果，我的病不再折磨我，我的生命还能延续下去的话，我倒愿意矢志终生献身文艺，永远学习，永远努力……”就是这样一个坚强不息、不懈奋斗的女子，成为了陆小曼后来的好朋友。

1945年11月的某一天，赵清阁在自己的文章中这样写道：“那是一个最好的日子，冷，却出了太阳；冷，澄清了她忙乱的心情，太阳引她出去走走的兴趣，于是决定去访被人遗忘的陆小曼。”1945年，距离徐志摩的去世已经有十四个年头了。这些年，陆小曼的心境早已淡漠了许多，不再留恋那些莺歌燕舞的酒会场所，对于“南唐北陆”“交际花”这样的头衔也没什么兴趣，整日就是穿着素服呆在房中，心情十分压抑。然而，这一次赵清阁拜访陆小曼，却像一片阳光照亮了她的生活。1945年，陆小曼已经四十三岁了，而赵清阁只有三十一岁，陆小曼不知道，面前的这位妹妹也和自己一样，经历过情感上的创伤。原来，两年前的赵清阁因为一段令人痛苦的爱情离开了重庆。但是虽然身体离开了，心却还是牵挂着旧时的爱人，这让她感到很纠结。为了解放自己的内心，赵清阁听从了冰心先生的劝告，硬着头皮开始做对《红楼梦》的研究和改编。就这样，赵清阁慢慢走出了阴影。而这次到陆小曼家中的拜访，也给陆小曼带来了一丝清风。

1947年，也就是赵清阁拜访陆小曼的两年后，陆小曼创作出了一部两万字的小说——《皇家饭店》。虽然只有两万字，但是对于陆小曼来说，意义却是重大的。这部小说的完成，很大一部分原因要归功于赵清阁。如果没有赵清阁逼着陆小曼创作小说，那么陆小曼很有可能还在吸着鸦片，处于生命的低沉期。在陆小曼写给赵清阁的那封很短的信中说："今夏酷热，甚于往年，常人都汗出如浆，我反关窗闭户，僵卧床中，气喘身热，汗如雨下，日夜无停时，真是苦不堪言。本拟南京归来即将余稿写完奉上，不想忽发喘病，每日只能坐卧，无力握笔，不知再等两星期可否？我不敢道歉，我愿受责。"

之所以在信中这样诚挚地道歉，甚至可以用"惶恐"一词来描述陆小曼的精神状态，是因为当时的陆小曼还在关着房门，整日整夜地吸食鸦片。而此时的赵清阁正在编写现代女作家文集《无题集》。为此，她专门找到陆小曼，硬是逼着陆小曼开始进行文学创作。这是陆小曼所写的第一部小说，也是一生中最后一部小说。若没有赵清阁，那么陆小曼很可能就不会有一部小说留在世上。

陆小曼年轻时的风光无限，年老后的闭门谢客，让很多人只记得她的美丽、她在艺术上的造诣，而忽视了她另一方面的才能，那就是女红。她曾亲手为赵清阁编织了一件白色细绒线背心。这件背心，赵清阁十分喜欢，而且一穿就是五十年，破了又补，补了又补，还不舍得换掉。

1964年，陆小曼完成杜甫草堂的四张山水条幅之后，身体状况更加虚弱。当年的冬天，陆小曼的病情加重，她明白自己剩不了多少日子了，便找到赵家璧，将出版《徐志摩全集》这件事情全部托付给他。到了第二年春天的时候，一次赵清阁前去探望她，陆小曼说："我……希望在死后能和志摩合葬，你……能不能办到？"赵清阁没有思考，马上回答说："我尽力想办法！"

1965年4月3日，陆小曼在上海华东医院病逝，终年六十三岁。赵清阁记住了陆小曼的遗愿，想出了各种办法来说通徐志摩的后辈人，但是最终都没有帮助陆小曼完成合葬的愿望，这件事就一直压在了赵清阁的心上。

与陆小曼之间的深厚友谊，后来都被写进了赵清阁的《绒线背心的联想》一文中。这篇文章，不仅记载了两人真诚交往的岁月，也包含着她对于陆小曼的崇敬与怀念。

赵清阁一辈子没有结婚，一直与家中的女佣吴嫂一起生活。1999年，赵清阁去世。她留下了许多剧本和小说，话剧代表作有《血债》《此恨绵绵》《桃李春风》；小说代表作有《落叶》《双宿双飞》《月上柳梢》等。

杜宣先生曾经这样评价过她："我原本以为才女高标，洁身自好，是一件至善至美之事；可是看到赵清阁的结局，大受刺激。独身可以，但不要因为一个男人。好的女子一定要有好的感情呵护着，不能给予她们这种保障的男人，不配去接近她们。”这样的观点，自然是出于爱护赵清阁之心的。要知道杜宣先生赞美女性时，最高的赞扬也不过是“高标动人”，像这样评价一位女性，还是第一次。大概是因为赵清阁在文学创作上的成就很高，而在自己的感情中却屡受挫折，最终孤独一生，这种不对称让杜宣先生感觉很怜惜吧。然而，事实已定，今天的我们只能从留下的文字中探寻当时的生活踪迹，不能改变什么了。

5. 陆小曼与张幼仪

提到徐志摩，除了他那些充满着浪漫情怀、忧郁情思的诗文之外，最为人津津乐道的，恐怕就是他一生的情感经历了。从一开始的包办妻子张幼仪，到后来的交际女王陆小曼，其间还有一代才女林徽因等等，忧郁多情的徐志摩，总是很容易地便能吸引女人的目光。即便是离婚后的张幼仪，也一直在帮助他照顾父母，料理徐家的产业。当有人问到她是否爱着徐志摩时，张幼仪的回答可谓经典："你晓得，我没办法回答这个问题。我对这个问题很迷惑，因为每个人总告诉我，我为徐志摩做了这么多事，我一定是爱他的。可是，我没办法说什么叫爱，我这辈子从没跟什么人说过'我爱你'。如果照顾徐志摩和他家人叫做爱的话，那我大概是爱他的吧。在他一生当中遇到的几个人里面，说不定我最爱他。"比起陆小曼，徐志摩眼中的张幼仪是封建的、落后的、传统的，甚至是丑陋的，和朋友在一起聚会时不便带着出席的。就在徐志摩第一次看到张幼仪的照片时，他就用五个字概括了张幼仪："乡下土包子！"这五个字，后来就变成了徐志摩眼中的张幼仪，再也没有改变过。

然而，张幼仪真的就那么"土"吗？张幼仪的家庭在当地也算是大户，并不是贫寒的小户人家。而且，张幼仪也在女子初中读过书，若不是过早地被父母订了婚事，她一定还会继续求学。若是那样，日后她的风采不见得比其他女人低一等。在一张她与徐志摩的合照上，我们所见的张幼仪戴着一顶圆边帽子，嘴角微微上扬着，有一种很端庄自持的微笑，一双大大的眼睛透漏出的是更多的温柔、体贴。虽然她没有林徽因、陆小曼那样的流光华彩，但是在女性魅力上，却也是别有一番风韵的。徐志摩说她“土包子”，实在是有些过分。张幼仪只是没有机会，若是有机会接触一些“洋气”的东西，相信她也会变得很时尚。

在张幼仪与徐志摩结婚的时候，按照男方的要求，张幼仪穿了新式礼服，这是一件红白混合的粉红色服装，外面还有很多层纱裙，在最外面那层粉红裙上还绣有龙的图案，既有中国传统特色，又有新时代的时尚风格。张幼仪这样打扮，并不让人觉得别扭。

然而，徐志摩从头到尾都认为张幼仪很“土”，为此，徐志摩执意要与张幼仪离婚。温顺聪明的张幼仪怎能不了解徐志摩的心思呢？她知道，自己只得同意，来成全徐志摩。

就在徐志摩和陆小曼结婚之后，有一次胡适请客，便把徐志摩、陆小曼、张幼仪都请了过去。在这次的饭桌上，张幼仪才见识到陆小曼的风情与娇嗔。张幼仪在回忆录《小脚与西服》中这样描写当时的陆小曼：“光润的皮肤，精致的容貌。她讲话的时候，所有男人都被她迷住了。饭局里，她亲昵地喊徐志摩‘摩’和‘摩摩’，他也亲昵地叫她‘曼’和‘眉’。他对她说话的态度是那么有耐心，那么尊重她。这一切我都看在眼里，让我想起他以前跟我说话的情形，总是短促而草率。”关于自己当晚的感受，张幼仪也说道：“那晚我的话很少，几乎没有说什么。然而我的感觉却又那么强烈。和陆小曼坐在一个饭桌上，我才知道我不是一个美丽的女人，不像别的女人那样。我做人态度很严肃，因为自己是受过苦的人。”年老的张幼仪回忆起这段往事，话语间仍然充满着对比后的失落，貌似还有一点怨气。其实，张幼仪的魅力只是不在此处罢了。经过离婚、孩子夭折这一系列事情之后，张幼仪确实对生活不再抱有什么幻想。然而，爱情不同，爱情正是需要幻想、浪漫的啊，张幼仪在这方面也许是不太擅长的，她活得太理性了。

曾经还有一位明小姐到过家里来做客。时间久了，张幼仪连她的名字都忘了，却记得她的外表与穿着。明小姐穿着十分洋气，但是这在张幼仪的眼中，颇有些努力为之的意思，并不是那么自然。明小姐剪了短发，还涂着暗红色的口红，身穿一套毛呢料的海军裙装，腿上穿着长丝袜。张幼仪就这样从上看到下，结果看到了明小姐的一双小脚——穿着中国传统的绣花鞋的小脚。这让张幼仪惊讶不已：“原来这样的新潮女子，也裹了小脚！”她忍不住要笑出来了。吃过晚饭之后，徐志摩就把明小姐送到火车站去了。张幼仪在家收拾盘子，徐志摩回家之后，坐立不安，在屋子里转来转去。张幼仪隐约感受到，先生似乎对这位明小姐有些不一样的感受了。果然，徐志摩很快便问她：“你看这位明小姐怎么样？”随和的张幼仪尽管想要保持一种端庄的姿态，然而还是把自己的想法一下子说了出来：“这个，她看起来很好，可是小脚和西服不搭调。”听了这个回答，徐志摩很烦躁地喊叫道：“我就知道，所以我才想离婚！”在徐志摩看来，张幼仪这个回答只能说明她仍然是一个“乡下土包子”，一点也不懂得时髦。

这件事情过后不久，徐志摩便到德国去了。不久之后，徐志摩正式提出离婚。张幼仪同意了，她感觉自己就是一把“秋天的扇子”，遭到了别人的遗弃。“小脚与西服”的事件虽然过去很久了，但是在张幼仪的心中却变成了一个烙印，挥之不去。离婚之后，勇敢的张幼仪并没有在自己的小圈子中孤独终老，而是自己打开了一片新天地。她曾到东吴大学教授德文，还在银行里做到副总裁的位置，并且重新开始自己的学习，专门请老师来办公室给自己上课。因为在张幼仪看来，徐志摩之所以会和自己离婚，很大一部分原因是自己没有受过太多的教育。不论是林徽因还是陆小曼，都是受过新式教育的新式女子。所以，学问已经变成了张幼仪的一个情结，成为她一辈子不能忘记的事情。后来张幼仪还经营了服装行，担任总经理，不仅要管理公司的一切事务，还要负责查看订单。这在当时来说，已经十分不容易。张幼仪再也不是当年那个顺从、“听话”的“土包子”了，她也变得很时髦。这大概是因为她的心中还有一股怨气吧：你不是说我土吗？我就要让你看看，我也可以很时髦，我也可以和别的女人一样时尚！

张幼仪经营的云裳服装公司，是中国第一家新式服装公司，当时在上海很有名气。很多人会自豪地说：“我的这件衣服是在云裳服装公司买的。”甚至在公司开业的时候，徐志摩和陆小曼还前去祝贺过。张幼仪对于陆小曼并没有很大的敌意，因为是自己和徐志摩离婚之后，她才和志摩恋爱。

这样大度、懂得奋斗，又温顺随和的女子，才是恰好体现了张幼仪的魅力所在。她没有受过多少教育，却也懂得端庄礼让，懂得孝顺长辈，还会经营公司，甚至能够引领时尚潮流，这大概是徐志摩做梦都没有想到的事情。

6. 陆小曼与林徽因

提起徐志摩，我们不得不提到两位女性，她们就是陆小曼与林徽因。前者和徐志摩结婚，并共同生活了五六年，虽然徐志摩过早地离开了人世，但是陆小曼仍然深深爱着他。而林徽因，则当是另一道风景，她曾与徐志摩有过短暂的相识相知，想必心中也多少有过暧昧的情愫。这两位才女，同样出身名门，同样受过多年新式教育，同样在社交圈里大名鼎鼎。本来毫无交集的两个人，因为徐志摩而有了千丝万缕的联系。那么，她们之间又会擦出怎样的火花呢？

比起陆小曼，林徽因的魅力是有过之而无不及。不论是徐志摩，还是金岳霖，就连梁思成后来的妻子林洙都对林徽因的美貌啧啧称奇。林徽因去世之后，她的丈夫梁思成又娶了林洙为妻。在林洙第一次看到林徽因的照片时，她惊叹道："我的注意力被书架上的一张老照片吸引住了，那是林徽因和她父亲的合影。看上去林先生（徽因）当时只有十五六岁。啊，我终于见到了这位美人。我不想用细长的眉毛，大大的眼睛，双眼皮，长睫毛，高鼻梁，含笑的嘴，瓜子脸……这样的词汇来形容她，不能，在我可怜的词汇中找不出可以形容她的字眼，她给人的是一个完整的美感：是她的神，而不是全貌，是她那双凝神的眼睛里深深蕴藏着的美。”著名作家文洁也曾这样赞赏过林徽因：“林徽因是我平生见过的最令人神往的东方美人。她的美在于神韵——天生丽质和超人的才智与后天良好高深的教育相得益彰。”

1904年6月，林徽因出生在浙江杭州，祖籍在福建省闽县。本名并不是今天写作的林徽因，而是林徽音。她的名字，来自《诗经》中的一句“大姒嗣徽音，则百斯男”，但是由于常常被人误以为是另一位女性作家林微音，因此改名为林徽因。林徽因不仅相貌出众，气度不凡，在建筑学、文学等方面还有不小的成就。建筑学方面，她与丈夫梁思成学习用现代科学研究方法来研究中国的古建筑，取得了不小的成就，成为我国这一学术领域的开拓者。文学上，留有多篇诗歌、散文等。代表作如《你是人间四月天》《九十九度中》等。林徽因最终在1955年4月时，病逝于同仁医院，终年五十一岁。林徽因的一生就像是一朵白兰花在静静地绽放，却引来了无数赞赏。在她去世后，遗体被安放在北京八宝山革命公墓。她的纪念碑更是别有特色，那是天安门前人民英雄纪念碑碑座雕饰的一个样品，正是林徽因创作出来的，将这块汉白玉装饰品作为她的无字墓志铭，以表达人们对她的哀思与怀念。

林徽因一生曾有几段感情经历，徐志摩也是其中的一位追求者。同样是民国时期的大才女，陆小曼与林徽因既有共同之处，又各有千秋。

单说两人的成长环境，林徽因和陆小曼的家庭都是名门望族，当地大户。因此，从小所受到的教育，自然与其他女子不同。然而不同的是，林徽因从小跟随祖父生活，后来是由她的大姑母启蒙学习的。

这一点和生为家中的掌上明珠的陆小曼是不同的，陆小曼从小娇生惯养，长大后自然有些任性刁蛮，而林徽因则更为温婉懂事。

胡适曾经评价陆小曼是“民国时期一道不可不看的风景”，而诗人卞之琳曾评价林徽因说：“她天生是诗人气质，酷爱戏剧，也专学过舞台设计，却是她的丈夫建筑学和中国建筑史名家梁思成的同行，表面上不过主要是后者的得力协作者，实际却是他灵感的源泉。”可见，在众人的眼中，林徽因和陆小曼都是一颗极为璀璨的明星，散发着耀眼的光芒。

然而，陆小曼和林徽因后来走上了不同的人生道路。高傲的林徽因面对徐志摩的热烈追求、金岳霖的默默喜欢，都不留一丝痕迹，而是选择了建筑学才子梁思成。由于林徽因生性高傲，因此与许多女性朋友的关系并没有多密切。而陆小曼在与徐志摩结婚后，热衷于各种朋友聚会，她出手阔绰，慷慨大方，因此朋友很多，人缘也不错。林徽因与丈夫一起研究中国古代建筑，读书勘测，取得了不小的成就。慷慨大方的陆小曼只是把大把时间花费在社交场所，本来的灵性与聪颖也慢慢被磨灭了。她后来还在翁瑞午的带领下开始吸食大烟，身体状况更加令人担忧。

徐志摩苦苦追求过林徽因，后来又遇见了让自己心动的陆小曼。由此猜想，陆小曼与林徽因一定有很多共同之处。无论是才华还是气质，都是出类拔萃的。

新中国成立后，陆小曼受到陈毅市长的关怀，被安排在上海文史馆工作，后来还被选做“三八红旗手”。而林徽因则在1949年受清华大学的邀请，担任建筑系一级教授。当年2月，她与梁思成等人一同编写了《全国重要文物建筑简目》，为百万大军南下提供了文物保护参考。当年7月，当时的政协筹委会给清华大学和中央美术学院布置了一件极为重要的任务，那就是设计中华人民共和国国徽。林徽因当时正在清华大学担任建筑系的教授，因此设计国徽的任务也落在了她的肩上。除了林徽因，参加设计工作的还有李宗津、莫宗江、朱畅中等七个人。终于在1950年6月，清华大学的设计方案因为布局严谨、庄重大方而更胜一筹，被政协筹委会选中，成为新中国的国徽标志。因为贡献突出，林徽因也在这一年被任命为北京市都市计划委员会委员兼工程师。

林徽因取得的成就，即使放在今天，也是让人不禁赞叹的。在当时的环境下成为一位女性工程师，是非常不容易的，可见林徽因的天资聪慧，同时也是和她后天的自身努力分不开的。

而此时的陆小曼，早已云淡风轻，远离了喧闹的社交场所，又因为多年吸食鸦片，而使得自己的灵感文思全都消失殆尽，只是与翁瑞在一起安静地生活着，不再渴望成为什么社交红人，只想求得后半生安稳。

1951年，林徽因已经47岁了，身体虚弱的她在病中还为保护传统工艺操心。当时景泰蓝传统工艺已经面临停业的危险，林徽因不顾自己的病情，和莫宗江、常莎娜、孙君莲等人一起帮助他们设计了一批风格新颖的民族风图案，终于挽救了景泰蓝工艺。1952年，林徽因被任命担任人民英雄纪念碑建筑委员会委员，和梁思成一起参加了纪念碑的设计工作，身体瘦弱的她不顾自己的健康，全心全意地为新中国建设奉献自己全部的力量。1954年，林徽因被选为北京市人民代表大会代表，当年秋天，因为身体原因导致病情恶化，住进同仁医院。第二年，病逝于此。

陆小曼与林徽因，这两位名媛有着同样的家世，受过同样的教育，还有着同样的名望。然而，却因为人生经历的不同走上了不同的道路。林徽因为中国的建设事业贡献了自己全部的力量，而陆小曼在徐志摩去世之后则过上了半隐居式的生活。也许在陆小曼的心中，林徽因也算是一位“情敌”吧，但是面对这样有才情、有能力、懂生活、懂文学的女性，陆小曼也是无法掩饰自己对她的欣赏之意的。所以直到今天，我们都没有看到陆小曼和林徽因之间留下什么有过矛盾的故事，只是看见这两位女性在历史的长河里，闪耀着各自独特的光芒，接受着后人的欣赏。

第五章 红颜多舛：舞榭歌台后的爱与痛

繁花似锦如昨夜散场的舞会，纷纷来，笑嘻嘻，匆匆去，忧乐离场。她倾国倾城，却多病缠身，用鸦片减少病痛，饱受爱情与现实的折磨。爱人殒命，哭摩枉然，在爱恨情仇悲欢离合中，她与翁瑞午，一个不是丈夫却胜似丈夫的男人，一起走过33载。

1. 纸醉金迷，名噪上海

陆小曼在上海的那几年，大好光阴确实荒废了。在纸醉金迷的交际场中，在灯红酒绿的宴会和跳舞厅里，在低吟浅唱的票友堂会上，在金童玉女的恭维声中，陆小曼把时光轻轻抛弃了。

陆小曼与上海有着很多相似的地方，就像天生的“一对”。

上海是近代中国最早的开埠港口之一，这个门户对外开放之后，给上海带来了高速发展的机会，在资本的冲击下，上海这个小鱼港迎来了空前的繁荣。在这里有花园洋房，有豪华游轮，有时髦女郎。绚丽的霓虹灯下的上海，比中国其他地方超前了几十年。但是传统的东西却也没被舍弃，银行与钱庄，戏院与舞厅，酒吧和小酒馆在上海的大马路上交错着密密匝匝，黄包车和小汽车不时地擦肩而过。这一切都体现了这座在新旧思潮碰撞下崛起的新都市的极大的包容性。

陆小曼恰恰也是新旧时代对接时期产生的名媛，陆小曼在北京成名，但是她的气质却与庄严厚重的北京城不符，她更海派，更新潮，妖娆靓丽，上海对于陆小曼，可谓是今生今世的搭档。在北京的时候，陆小曼秀丽大方，端庄典雅，可这不是真实的她，这是北京城的规矩，她被套在这个“壳子”里，就得遵照这个“壳子”里的规矩。但上海不一样，上海更加地宽容，更加地洒脱。可以说陆小曼几次生逢大难，都是上海接纳了她，包容了她。

出身世家的陆小曼，从小过着养尊处优的生活，在北平时就是出了名的会花钱的小姐。来到纸醉金迷的大上海，陆小曼对物质的追求有增无减。她的衣、食、住、行都要最好的，单是房租一项每月就得100银洋，这在当时是普通人家大半个月的支出。而且陆小曼还雇了许多佣人，有司机、男仆、管家，还有几个贴身丫鬟，每次出入都有私人小轿车。陆小曼不喜欢吃牛奶，而是喜欢吃人奶，认为人奶更有营养，为此，他们专门在家里养了一位奶妈。

陆小曼十分热衷购物，想买什么就买什么，从来不想家里是否需要，只要是看中的喜欢的，从不过问价钱，她曾经一次性买下6双高级皮鞋，她用的化妆品也是最高级的。她还频频光顾豪华的一百八十号赌场，去“大西洋”“一品香”吃大菜，到丽娃丽达村划船等，甚至每个月的话费高达五六百银洋，如此高额的花费确实令人咋舌。

经济上的问题让徐志摩心力交瘁，在写给陆小曼的信札中，有时也诉说着因囊中羞涩而带来的无奈，为缺钱用而发愁——“我至爱的老婆：钱的问题，我是焦急得睡不着。现在第一盼望节前发薪，但节前有，寄到上海定在节后……我不知如何弥补得来？借钱又无处开口。钱真可恶，来时不易，去时太易。”“至爱妻眉：银行二十三来信，尚欠四百元，连本月房租共欠五百有余。如果你那五百元是在二十三以后，那便还好，否则我又该急得不得了！请速告我。车怎样了？绝对不能再养了！……明天我叫图南汇你二百元家用(十二月份)，但千万不可到手就宽，我们的穷运还没有到底，再不小心便不堪设想。”如此等等，不一而足。

徐志摩为了生计拼命挣扎，陆小曼却纵情享乐。她经常包订剧院、夜总会等娱乐场所的座席，在上海百乐门舞厅夜夜笙歌、通宵达旦，过着黑白颠倒的生活。上海外国租界里那些华丽的居室、新潮的商品、豪华的舞厅剧场、高雅的交际舞会……这一切对能歌善舞、善于交际并压抑已久的陆小曼来说，可谓是如鱼得水。到上海不久，陆小曼就开始结交名人、名伶，穿梭于社交界。由于陆小曼原是北京社交界的名人，如今成了著名诗人的太太，又兼具江南之灵秀莹润与北方之大气端庄于一身的独特气质，所以，她才刚刚投身上海社交圈，便立刻造成极大的轰动。上海是藏龙卧虎之地，多得是满清遗老、王孙贵胄、富商巨贾，以及有钱又有闲的世家子弟。于是有人请她吃饭，有人邀她跳舞，更有人出来怂恿她票戏义演。风头一时无两，使得她很快又成了上海交际界的中心人物。

陆小曼不仅自己经常流连于剧院，还时常拉上徐志摩陪她一块去游艺演剧，将他拉入这种令他生厌的社交生活。每个月数百银洋的开销使得徐志摩“文字债欠了满身”，也越发地“诗兴”索然。有感于此，徐志摩力图自拔，便借1928年1月8日《申报》的一角刊登了一则启事：徐志摩陆小曼启事——陆小曼有病，徐志摩有事，游艺演剧，一概辞谢。寥寥数语，宣泄了自己对这种生活的不满。

奢靡放纵的生活使得陆小曼变得越发娇慵、懒惰、贪玩，完全没了当初恋爱时的激情，似乎不再是一个有灵性的女人。她每天过了中午才肯起床，在洗澡间里梳洗一个小时，然后吃饭。下午作画、写信、会客。晚上大半是跳舞、打牌、听戏。徐志摩为了使陆小曼心喜，一味迁就她，虽然在口头上时常婉转地告诫她，但效果不大。

这一切与徐志摩想象中的是那么不一样，让他苦闷不已。无奈之下，徐志摩听取友人意见，暂离上海，去寻回那个曾经的自己。

2. 劝解无果，不知寒风吹何处

灯红酒绿的十里洋场对于徐志摩来说并没有什么特别的地方，相反，在给胡适的信中，徐志摩多次表示，自己其实并不喜欢上海这座城市。但是对于过惯了大小姐生活的陆小曼来说，则极具诱惑。来到上海没多久，陆小曼就开始频繁出入各种社交场合。由于她出众的外表，独特的气质，著名诗人妻子的身份，让她一踏入社交圈子就名声大振，造成极大的轰动，成为上海滩最红的“交际花”。

陆小曼也不再提笔作画、落笔成文，而是热衷于会客、跳舞、打牌、听戏。也不再读那些诗词歌赋，却常常借阅马路书摊上的小人书看，以此来打发时间。

陆小曼的这种生活让徐志摩感到非常苦恼，两个理想主义者幻想的浪漫爱情，在步入婚姻之后，被现实生活的琐碎撞击得支离破碎。爱情在婚姻的坟墓里渐失了颜色，变得苍白无力起来。陆小曼开始觉得徐志摩不如婚前对她好，她觉得婚后的徐志摩只是管她而不再爱她，她开始失望。

陆小曼曾对郁达夫之妻王映霞诉说：“照理讲，婚后生活应过得比过去甜蜜而幸福，实则不然，结婚成了爱情的坟墓。徐志摩是浪漫主义诗人，他所憧憬的爱，最好处于可望而不可即的境地，是一种虚无缥缈的爱。一旦与心爱的女友结了婚，幻想泯灭了，热情没有了，生活便变成白开水，淡而无味。徐志摩对我不但没有过去那么好，而且干预我的生活，叫我不要打牌，不要抽鸦片，管头管脚，我过不了这样拘束的生活。我是笼中的小鸟，我要飞，飞向郁郁苍苍的树林，自由自在。”从她的诉说中可以听出：她不愿意改变自己的生活方式和生活习惯，即使徐志摩再管也无用，她不仅不会听，反而会起反感。她从来没有想过要反思自己的生活。她要过自由自在的生活，这是她的生活理念，不管与谁生活在一起，都无法改变她的这一人生态度。

徐志摩是诗人，多情而浪漫，容易对女性产生感情。但他精神洁净，喜欢大自然，与陆小曼喜欢热闹的社交生活有着本质的不同。徐志摩是理想主义者，他认为，只要她爱他，将来一定能让她与他志趣相投，但事实证明这是不可能的。两个人的目标不同，生活中就少不了摩擦和失望。

徐志摩渐渐体味到了生计的艰难，面对陆小曼的挥霍无度，他只好奔波于北京和上海之间，拼命地创作、教书，兼着几个大学的课，却仍然无法补足家用。两个对金钱毫无概念的人被金钱所困后，便像大多日常夫妻一样，矛盾和怨言充塞着日子。

他们开始吵架，开始冷战，为了钱的事，为了花钱的事。浪漫的婚姻一旦掺和进这些东西，就显得俗气了，原有的那些高雅和浪漫也就荡然无存，留给彼此的只剩下失望和失落。

对这种悲催的生活，徐志摩有些绝望了，他觉得自己当下的生活像毒蛇脏腑所构成的冰冷、黏湿、黑暗无光的狭长甬道，陷入到里面，只能挣扎往前走，没有退路。爱情一旦走进这样的死胡同，离死期就不远了。此时徐志摩也意识到，现在的陆小曼已不是自己的灵魂伴侣，单靠自己的一厢情愿根本无法改变她，受影响、受拖累的反而是自己。

为了寻回以前的陆小曼，徐志摩多次劝说，希望陆小曼能像以前一样和自己多聊聊天，一起吟诗作画，不要再痴迷夜生活。徐志摩还希望陆小曼戒除鸦片，安心调养身体，他不希望鸦片将陆小曼的身体掏空。但是陆小曼对徐志摩的这些劝说无动于衷，甚至向友人抱怨，说一听徐志摩不让她打牌、跳舞就很不开心，对徐志摩的劝说很是厌烦。

陆小曼平日里大手大脚地花费，徐志摩还能忍受，可是陆小曼的虚荣让徐志摩有了心碎的感觉。那是因为一次义演，陆小曼需要做一幅堂幔，做一副行头，还要许多佩饰。这些东西她本可以借用，但因为内心的虚荣作祟，陆小曼非要亲自置办一套不可。她的票友们，像江小鹣、翁瑞午、唐瑛都有属于自己的行头，她也要，否则就觉得没面子。可是这些人都是些家财万贯的公子小姐，徐志摩是靠工薪养家的人，怎能与这些人相比，置这些行头需要的银两根本不是徐志摩这个教书匠所能承受的。

这时候陆小曼想到了他们刚到上海时，泰戈尔的助手恩厚之给他们筹集的留学经费，陆小曼希望徐志摩能把这笔钱先拿出来给她做一身行头，过后有钱了再补上，而且现在他们也没有出国计划。但徐志摩说这是供他们出国学习用的，而且他还想着带陆小曼去欧洲旅游，实现他们婚前的愿望，也算是给朋友一个交代，所以绝不能动用这笔钱。陆小曼软磨硬磨非要置办行头不可，徐志摩被陆小曼缠的实在没有办法，不得已挪用了这笔钱，陆小曼的虚荣心满足了，但许志摩心里却十分难受。陆小曼挥霍无度的行为，已让徐志摩感到头疼，心情也是前所未有的低落。

陆小曼为自己的衣物铺张浪费，可对徐志摩的衣物却很少过问，这些事都由她母亲料理。可怜的徐志摩虽然一月赚不少钱，可只有一两身衣服，而且都破旧不堪。有一天胡适的妻子看到徐志摩的袖子上有两个洞，领子也磨破了，看到一个大诗人穿得这么寒酸，就让徐志摩脱下来给他缝补。当徐志摩要出席一些正式的场合的时候，他的前妻张幼仪就在自己的服装店给他制作一两身衣服。陆小曼太贪玩，常常会忘了丈夫的需求，长此以往，徐志摩有些灰心、伤感，并从内心发出不满。这不是他要的生活，虽然他仍然爱着陆小曼。

奢侈放任的生活和鸦片让陆小曼越来越往颓靡的路上走。一半是因为不得不四处奔波挣得家用，一半是因为不愿意被拽着沉沦，徐志摩最终还是听从胡适等友人的劝说，在1931年辞去上海、南京的职务，北上北平，任北大教授，兼北京女师大教授。整个上半年，徐志摩都一直给陆小曼写信，希望她来北平，将沪上的奢靡甩到一边，解除一身疲惫焦灼，重新开始。徐志摩说，“你说我是甘愿离南，我只说是你不肯随我北来。结果大家都不得痛快。”又说，“这回我正式请你陪我到北平来，至少过半个夏。但不知你肯不肯赏脸？”而陆小曼只是犹豫，她不愿意离开这繁华奢靡的大上海。

1931年3月19日，徐志摩从北京给陆小曼写信，表达了自己内心的苦恼：“我守了几年，竟然守不着一单个的机会，你没有一天不是engaged（已订约的），我们从没有privacy（隐私，秘密）过。到最近，我已然部分麻木，也不向往那种世俗幸福。”陆小曼已经成了“大众情人”，她给朋友带来了快乐，却给自己的丈夫带来了痛苦。在一般夫妻看来很普通的事情，比如聊聊天、散散步，偶尔亲热一下，对他们来讲都成了奢望。

6月25日徐志摩再次给陆小曼写信：“……别的人更不必说，常年常日不分离。就是你我，一南一北。你说是我甘愿离南，我只说是你不肯随我北来。结果大家都不得痛快。但要彼此迁就的话，我已在上海迁就了这多年，再下去实在太危险，所以不得不猛省。我是无法勉强你的；我要你来，你不肯来，我有什么法想？明知勉强的事是不彻底的，所以看情形，恐怕只能各行其是……我真也不知怎样想才好！”

对于徐志摩的诉苦，陆小曼不以为然，依然是灯红酒绿、吞云吐雾。在没钱的时候就给徐志摩发电报，催促徐志摩寄钱。徐志摩不得不北京、上海来回奔波。

1931年11月上旬，为挣一笔钱弥补陆小曼巨额开销的亏空，徐志摩答应做蒋百里出售愚园里住宅的中人，故于13日由北平返回上海家中。当晚徐志摩邀了几个好友在家聊天小坐。没想到陆小曼却喝得酩酊大醉，而且到深夜才回家，徐志摩感到非常的气恼和心痛。第二天，徐志摩劝说陆小曼和自己一起去北平，陆小曼再一次拒绝了徐志摩的要求，两个人大吵起来。没想到，陆小曼竟操起烟灯朝他砸去，烟灯擦眼角飞过，打碎了他的眼镜。徐志摩愤怒之下，负气出走。没想到，这一走，竟成永诀。

11月19日，徐志摩搭乘一架邮政机飞往北京。因大雾影响，飞机于将近中午时在济南党家庄附近触山爆炸，机上连徐志摩共三人，无一生还。

徐志摩坠机的那天中午，悬挂在家中客堂的一只镶有徐志摩照片的镜框突然掉了下来，相架跌坏，玻璃碎片散落在徐志摩的照片上。陆小曼预感这是不祥之兆，嘴上不说，心却跳得厉害。谁知第二天一早，南京航空公司的保君健跑到徐家，真的给陆小曼带来了噩耗……

3. 志趣不合，诗人与票友

婚后几年间，徐志摩的诗作一年比一年少，尤其是在1927年，在这一年里，徐志摩只写出了一首诗。而他的日记也是一篇比一篇沮丧，加上对陆小曼苦劝无果，徐志摩被这一切压得喘不过气来。无助、痛苦把徐志摩逼迫到了崩溃的边缘。目睹曾经那个充满灵气的陆小曼，现在只热衷流连于舞厅、剧院，对于自己的劝说，陆小曼却充耳不闻，这一切让徐志摩感到特别心寒，高昂的生活开支也压得他喘不过气来。徐志摩越来越担心自己在这样的环境里会被毁掉，也越来越觉得要尽快把陆小曼从这种奢靡的生活中拉出来。于是他决定离开上海一段时间，让自己冷静一下，也让陆小曼冷静一下。

其实徐志摩与陆小曼本来性格就有差异，他们生活的环境也不尽相同，他们的差异和不同在两个人恋爱的时候就已经初露端倪，只是处于热恋中的两个人被爱情陶醉，而忽视了彼此的差异。然而这一切在他们婚后就逐渐显现了出来，这也真印证了那句话——婚姻就是爱情的坟墓，一旦步入了围城，琐碎的生活必然会将浪漫的爱情淹没。

徐志摩喜欢静，喜欢创作，捕捉灵感，而陆小曼虽然很有灵气、才气，但她总是喜欢热闹，享受安逸，偏于懒散，意志力不强；徐志摩喜欢大自然，喜欢旅游，陆小曼虽也热爱大自然，但她不习惯跑出去，她只愿意在房子之间来去，这或许跟她的身体常年犯病有关。这些差异必然会造成他们夫妻间的一些矛盾。虽然徐志摩有时也陪陆小曼参加社交，但他更喜欢清谈，不喜欢无聊的应酬。而陆小曼在与王赓结婚前，就以“交际花”出名，乐于流连舞会、剧院。

徐志摩在旅欧期间，给陆小曼写了大量的信，一方面谈旅途的感受，另一方面对她苦心相劝，希望她能改变当时的生活方式。徐志摩在其中一封信中写道：“在船上是个极好的反省机会，我愈想愈觉得我俩有赶快觉醒的必要。上海这种疏松的生活实在是要不得，我非得把你的身体先治好，然后再定出一个规模来，另辟一个世界，做些旁人做不到的事业，也让爸娘吐气……上海的生活想想真是糟。陷在里面时，愈陷愈深，自己也觉不到这最危险，但你一跳出时，就觉得生活是不应得是这样的。”

在另一封信里，他又述说了自己对陆小曼的思念，嘱托她照顾好自己，注意饮食起居，并鼓励陆小曼振作起来做些有意义的事情，多写写文章、认真学画。但是留在家中的陆小曼却没有徐志摩这般心思，她过的日子没有什么改变，依然是黑白颠倒、灯红酒绿。她也不热心给徐志摩回信，与几年前处于热恋中徐志摩出国她在家中拼命写信的情形完全不同。

其实造成陆小曼这种懒散、贪图享受的原因不仅仅是陆小曼从小生活的环境，还跟她的身体有很大的关联，陆小曼从小体弱多病，需长期服药。日复一日、年复一年饱受病痛的折磨，陆小曼很难静下心来，一心一意地去写文章、作画。她觉得人生只有这短短的几十年，不应该局限于诗词歌赋中，从而产生了及时行乐的思想。

在上海期间，陆小曼迷上了戏曲，经常参加京剧票友演出，她虽没有拜师学艺，悟性却高，一学就会，又因艳名在外，经常出场压轴。陆小曼还喜欢捧戏子，先后有十几个戏子被她捧红，还认其中的袁美云、袁汉云姐妹为干女儿。

陆小曼在戏曲方面的名声，从她的演戏上可以看出几分。职业演员演戏是贱业，票友演几出戏，再以赈灾为名，那是最风雅不过的。遇上这种场合，策划者常亲自登门，请陆小曼出来捧场。陆小曼在上海的首次演出是在恩派亚大戏院，她先演了昆曲《思凡》，后与江小鹣、李小虞合演《汾河湾》来压轴，一时间名声大噪。此后只要有这一类的演出，总少不了陆小曼的参与。以至上海上流社会中，不分男女，闻陆小曼之名，咸欲一睹颜色为荣。

由于陆小曼的好戏，徐志摩也勉为其难，有时妇唱夫随，凑个角色。1927年12月27日，夏令匹克大戏院上演《玉堂春·三堂会审》，陆小曼演女主角，徐志摩演蓝袍。据说那一天剧场爆满，陆小曼大出风头，可徐志摩却表现很差，坐在台上，总把两只靴子伸到桌帏外面。

其实这时的徐志摩内心非常无奈，只是为了博得陆小曼的欢心才勉强上台。当晚，他就在日记里写到：我想在冬至节独自到一个偏僻的教堂里去听几折圣诞的和歌，但我却穿上了臃肿的袍服上舞台去串演不自在的“腐”戏。显然徐志摩不喜欢旧戏，他认为只有话剧才是“艺术中的艺术”。

在陆小曼客串演戏的过程中，出现了她生命中的第三个男人——翁瑞午，这个男人在徐志摩去世之后一直陪伴陆小曼，直到他病逝，可以说是陪伴陆小曼时间最久的男人。

翁瑞午是吴江人，世家子弟，从小随父在香港生活。回上海后，曾跟随赵叔儒学习书画，随况周仪学习诗文，也会唱京戏昆曲，工青衣，艺名影梅庵，称誉申江，深得梅兰芳赏识。梅兰芳先生在《舞台生活四十年》中指出："中国有两位京剧名票，北为蒋君稿，南为翁瑞午。两人曾多次登台演出，还出过唱片，享誉长江南北。"由此可见其在戏曲方面确有过人之处。当年胡适也曾为翁瑞午写过一个匾，上书"影梅书屋"，不难看出翁瑞午也确实称得上才艺双全。

其后他又着迷于中医推拿，受业于一指禅推拿流派创始人名医丁凤山名下，得到真传，十八岁时即享盛誉。二十多岁即在上海开业推拿行医问诊，成为沪上名人。他性格很随和，相处起来十分融洽。很快，徐志摩夫妇与翁瑞午熟识了。除此之外，他还喜欢唱戏和画画，这让他与陆小曼更能走到一起。

起初，陆小曼与翁瑞午在一起只是为了缓解抑郁的情绪。她虽冲破层层阻力嫁给徐志摩，却没想到为徐志摩的家庭深感郁闷，因她不被徐家接受而内心扭曲。为了排遣内心苦闷，她常留恋于交际舞场以及戏剧舞台，也喜欢与翁瑞午相处，因翁知识渊博、谈吐风趣，听他说话很让人轻松，所以很快两人便熟识起来。

那时陆小曼身体不大好，一天有半天的时间都闹病，闹起病来脾气非常坏，可是只要经过翁瑞午推拿之后，陆小曼的病情竟然很快得到缓解，心情也为之大好，说话温婉和颜悦色。这让徐志摩默许了他们的相处。为此，徐志摩非常感谢翁瑞午，交往也多了起来。

一次，陆小曼在唱戏的时候犯了旧病，导致腰部疼痛。恰好翁瑞午懂得推拿之道，便为陆小曼做了一次按摩。这之后，陆小曼便常常让翁瑞午替自己按摩。这让二人有了很多单独相处的机会。陆小曼问翁瑞午：“瑞午，你的按摩对我很有用，可是如果你不在我身边，我的腰疼病犯了怎么办呢？”翁瑞午回答道：“这倒不是没有办法，只是不是一个可久用的办法。”在陆小曼询问之下，翁瑞午才说，这种办法就是吸食鸦片。

从此之后，陆小曼便染上了鸦片，一开始也只是为了缓解病痛。然而，鸦片这种东西染上了就不容易摆脱掉。渐渐地，陆小曼对鸦片上了瘾，也就不容易戒掉了。她常常和翁瑞午横躺在客厅的沙发上，两人相对，吞云吐雾。有人把这件事告诉徐志摩，让他劝一劝陆小曼。可是，徐志摩心疼爱妻的身体，不忍心陆小曼遭受病痛。而且，对于陆小曼与翁瑞午的相处，徐志摩也并没有多想，甚至还为两个人进行辩解，说陆小曼与翁瑞午只是朋友，不可能是爱人。可是，自己在外挣钱，回到家中，却看见自己的妻子和别的男人在一起吸食鸦片。这种情况，放在哪个男人的眼中，会觉得舒服呢？

1930年，徐志摩获得北京大学和北京女子师范大学的邀请，让他到北京去担任教授。徐志摩很希望陆小曼能够和自己一同前往，然而，此时的陆小曼，已经离不开上海这个花花世界，更离不开翁瑞午，始终不肯和徐志摩一同北上。最终，两个人只能过上北京、上海两城分居的生活。徐志摩在北京努力授课挣钱，然后坐飞机回上海，一来给家中送生活费，二来也是为了看看自己的妻子。可是，陆小曼醉心于应酬，陪伴徐志摩的时间越来越少，因为这个，两个人也常常吵架。

上海滩的乌烟瘴气，陆小曼糜烂的生活，让徐志摩的心情非常低落，感慨颇多。在琐碎的婚后生活中，徐志摩逐渐迷失了自我。他很少作诗，从清风道骨变得入世，教书赚的钱不够用，他开始借朋友的钱，不能按时还，便东挪西借。这样的徐志摩哪还有心情与陆小曼风花雪月，男人的自尊在慢慢消磨，无比狼狈。

徐志摩的好友不忍其颓废下去，被彻底毁掉，遂邀其北上，希望其换个环境。徐志摩再三思考，决定北上。1930年秋后，徐志摩辞去了上海的教职，应胡适之邀，任北大教授，兼北京女师大教授。徐志摩到北京后，希望把家安在北京，多次写信请求陆小曼与他一起北上，但陆小曼却执意不肯离开上海。

无奈之下，徐志摩只能北京、上海频繁奔波，因为他太思念陆小曼了。仅1931年的上半年，徐志摩就在上海、北京两地来回奔波了8次。为了节省旅费，徐志摩就设法去弄那些免费的飞机票，谁知正是这种不用花钱的飞机，后来使他化为一缕青烟。

4. 上海逍遥，拒绝北上

在上海，陆小曼这种逍遥的生活是徐志摩所不喜欢的，同时陆小曼的生活状态也是徐志摩所不愿意看到的。时间久了，两人便常常发生争吵，而两个人单独呆在一起的时间也越来越少。婚前的浪漫与柔情，此刻早已不见踪影。一方面，陆小曼大手大脚的花钱方式，让徐志摩感到很不满意，但是另一方面，徐志摩又心疼陆小曼柔弱的身体。因为对她的爱，所以徐志摩不舍得对陆小曼大加指摘，而是继续宠着她、惯着她。这一宠不要紧，陆小曼变得越来越放肆，做事花钱全凭着自己的性子来，一点也不考虑生活的压力和徐志摩的感受。在一天天的吃喝玩乐中，陆小曼的灵性、才气也被消磨殆尽。这还是当初那个让徐志摩神魂颠倒的陆小曼吗?

当时，离开上海到北京去，徐志摩自然是希望陆小曼能够和自己一同前往。一来，他希望能够借这个机会让两个人的感情复燃，重新回到恋爱时候的样子；另一方面，也希望陆小曼能够远离上海这种奢靡的生活环境，到北京去重新开始自己的生活。而对于陆小曼来说，其实离开上海，和丈夫一同到北京去也不是不可以，只是徐申如对待自己那种冷淡的态度，让自己灰心丧气，自己的意志也在一点点被消磨殆尽。更何况，此时已经有了翁瑞午的陪伴，陆小曼又怎么舍得离开上海，离开翁瑞午呢？于是，每当徐志摩和她谈起到北京去的时候，陆小曼就会找借口拒绝，不是说公公徐申如给自己的压力消磨了自己的意志，就是说不舍得抛下母亲独自前往。

面对陆小曼的拒绝，徐志摩自然有很多的不满意，毕竟两个人结婚不久，若是两地分居生活，自然会影响到两人之间的感情，更何况，在徐志摩的眼中，陆小曼现在的生活完全是在放纵自己、甚至是在堕落。他希望能够帮助自己的爱人重新找回自己。于是，他给陆小曼写信说："你所说的不舍得抛下母亲，独自来到北京的话，完全是借口。因为我在北京已有了住处，而且这里的房间很宽敞，不像上海那样拥挤。你若想和母亲在一起，我自然会把母亲也一起接过来。这并不是什么解决不了的困难，你之所以说这些，不过是想找借口拒绝。在我看来，不愿离开母亲是假的，不愿离开上海才是真的。"

此后，见陆小曼不为所动，徐志摩又给她写了一封信。在信中，徐志摩情深意切地对陆小曼说："你怎么忍心和我分居两地？……这次可不同，如果我现在不回，到年假尚有两个多月，虽然时光易逝，但我们恩爱夫妻，是否有此分离之必要？眉，你到哪天才肯听从我的主张？我一人在此，处处觉得不合适；你又不肯来，我为责任所羁，这真是难死人也！"

面对徐志摩深情款款地劝说，陆小曼还是没有要离开上海的打算。上海的夜生活，已经完全让她陶醉在其中，不能自拔了。更何况，现在又有了翁瑞午这位好朋友的陪伴，自己更是舍不得到北京去了。无奈之下，徐志摩只好一个人在北京，教书挣钱，陆小曼留在上海生活，依旧过着夜夜欢歌的日子。而她与翁瑞午之间的关系开始变得暧昧不清，周围人也开始说些流言蜚语。面对这种情况，徐志摩心有不满，却又十分无奈，无能为力。

这样分居的日子总有暂时结束之时，然而，当徐志摩从上海急忙赶回上海之时，等待他的并不是温柔体贴的妻子，反而是和别的男人半倚在床上，相对吸食大烟的样子。对此，徐志摩十分不满，便吵了几句。心性高傲的陆小曼便用刻薄的话语来回应徐志摩，久而久之，两人的感情越来越淡，生活中的裂痕也愈发明显。徐志摩无论如何也没有想到，娶到美丽动人的陆小曼之后，自己的生活竟会变得如此困苦郁闷。忧愁成为了心头上的乌云，久久不愿散去。而徐志摩，也没有了过去的意气风发，变得沉默了很多、忧郁了很多。

5. 红颜多病绕，难离“阿芙蓉”

陆小曼的母亲曾生育了9个孩子，但是很不幸，他们先后在幼年和青年的时候死去，只剩下排行老五的陆小曼。陆小曼就成了陆家唯一的孩子，因此，他们对陆小曼宠爱有加，将她视为掌上明珠，对她的教育也尤为精心。成年之后的陆小曼面容俏丽、身姿绰约，而且博学多才、机敏过人。

然而，就是这样才貌双全的女子，虽有锦衣玉食，又得父母万千宠爱，但身体却一直很虚弱，患有严重的哮喘和胃痛之疾。孱弱的身体，病痛的折磨，使得陆小曼时不时地昏厥过去。她的一生可谓受尽了病痛的折磨。陆小曼的父母怜爱自己这唯一的孩子，对其难免娇惯，使陆小曼比起一般女孩更骄慢、更任性。所以在遇到徐志摩之后，陆小曼才会义无反顾地爱上了这位浪漫的诗人，任凭多少非议、多少坎坷，也要和徐志摩走到一起。

为此，陆小曼也付出了极大的代价，她不惜打掉了和王赓的孩子。可是由于手术失败，陆小曼患上了严重的妇科病，不仅不能生育，而且一过夫妻生活就会昏厥。婚后，徐志摩想生个孩子，陆小曼尽管心里痛苦万分，但她无法诉说隐情。

陆小曼和徐志摩刚刚搬到上海的时候，日子过得非常窘迫。徐志摩的父亲非常不喜欢这个新儿媳妇，他更是讨厌陆小曼什么都要高档的外国的奢侈品的消费习惯，不愿意在经济上支持陆小曼这种毫无节制的挥霍，所以有意不给徐志摩夫妇钱财。反而是徐志摩的前妻张幼仪每个月可以从家族生意中支取300元的生活费，这样的区别对待让陆小曼感到非常委屈，徐志摩对此也是无可奈何。加之，徐志摩一时没能找到理想的事情可做，所以两个人只能租住在简陋的旅店里。嘈乱的生活环境，抑郁的心情，拮据的生活，让原本体弱的陆小曼身体状况更加糟糕。

陆小曼后来在文章中写道："离开家乡逃到举目无亲的上海来，从此我们的命运又浸入了颠簸，不如意事一再的加到我们身上。在上海受了几月的煎熬我就染上一身病；后来的几年中就无日不同药炉做伴；连徐志摩也得不着半点的安慰，至今想来我实在对不起他的。"虽然稍后两个人的生活得到了大大的改观，但是陆小曼的身体状况却一直没能恢复，终日饱受病痛折磨，一天之中总有半天或者小半天要忍受病痛。徐志摩为了减轻陆小曼的病痛，经常托友人访问名医来为陆小曼医治。

当时，虽然翁瑞午的推拿以及共同吸食鸦片，能减轻陆小曼的病痛，但也只是缓解。而且对于鸦片，徐志摩的父母非常痛恶，看到陆小曼整日吞云吐雾，老两口厌恶之情溢于言表。徐志摩的父母本就不满意这个儿媳妇，现在陆小曼还吸食上了鸦片，加上一再让翁瑞午留宿家中，他们便更加厌恶了。

有一次徐志摩的母亲给自己的干女儿——张幼仪打电话，在电话里不停数落陆小曼："今天早上，我发现徐志摩、陆小曼和翁先生三人全都蜷在烟榻上：翁先生和陆小曼躺得横七竖八，徐志摩卧在陆小曼另一边，地方小得差点摔到榻下面。应该是昨天晚上志摩回家以后也爬上了烟榻和陆小曼躺在一起，陆小曼和翁先生一定一整晚都在吸烟。这个家已经毁了，”老太太说，“我再也不要住这里了，老爷和我想搬去和你住。”后来徐志摩的父母干脆搬到了自己干女儿那边，落得个眼不见心不烦，并且断绝了与他们的经济来往。

看着陆小曼吸食鸦片，徐志摩的内心也是五味杂陈，痛苦不已，眼看着鸦片一点点侵蚀爱妻的身体和心智，自己却无能为力，内心的煎熬可想而知。但是鸦片确实缓解了陆小曼的病痛，徐志摩也就只能默许了，但在他的心里却是百般不愿。

另外，鸦片一项又给徐志摩增添了不小的经济压力，而翁瑞午为了给陆小曼推拿，也是为了讨好陆小曼，频繁出入徐志摩家，这在社会上引起了不少的流言。徐志摩是真正的绅士，对陆小曼也是真爱，对于这些流言蜚语，虽然懊恼，但也不做过多反驳，基本是置若罔闻。

虽然，徐志摩表面上是大度的，但内心并不是表面上这般平静。无奈之下，他只有搬出一套哲学为之辩护说：“男女间的情与爱是有区别的，丈夫绝对不能禁止妻子交朋友，何况鸦片烟榻，看似接近，只能谈情，不能做爱。所以男女之间，最规矩、最清白的是烟榻，最暧昧、最名声嘈杂的是打牌。”但他毕竟是一个普通人，一个爱妻子的丈夫，他的内心是十分混乱痛苦的，也常存怀疑和猜忌。

在徐志摩1931年3月19日写给陆小曼信中谈到对陆小曼吸烟及与

翁瑞午的关系时，可以看出他的内心看法："前三年你初沾上吸烟的时候，我心里不知有几百个早晚，像有蟹在横爬，不提多难受。但因你身体太坏，竟连话都不能说，我又是好面子，要做西式绅士的，所以至多只是短时间绷张一个脸，一切都忧在心里……招惹了不少浮言，我亦未尝不私自难受，但实因爱你太深，不惜处处顺着你……"

鸦片对于陆小曼可谓是一把双刃剑，一方面鸦片缓解了她的病痛，可也侵蚀了她的身体，消磨了她的意志。陆小曼本来就有胃痛之疾，吸食鸦片之后，肠胃更加不好，经常便秘，翁瑞午就给陆小曼买来蜂蜜，用来帮助肠胃蠕动。当时的蜂蜜很贵，陆小曼却从不计较价格，总是一次买回很多。陆小曼在吸食鸦片之后，就会请人将蜂蜜放入针筒，然后注入体内，让肠胃蠕动，以缓解肠胃不适。

抽鸦片时间长了，鼻子下方会熏出很深的印痕，也会积下一层烟渍，黑黑的，很是难看。为了保持皮肤的光鲜，陆小曼就会买来一块嫩豆腐反复揉搓，将印痕擦掉之后再涂上蛋清，然后用清水洗净，最后再用化妆品涂抹，她的生活可谓是精致到了极点。

受鸦片的侵蚀，陆小曼变得娇慵、懒惰、贪玩，她不再陪着徐志摩填词作诗，也不再和徐志摩一起作画，两个人完全没有了恋爱时的风花雪月。陆小曼也不再读那些高雅的读物，而是常常借马路边书摊上的小人书看，借以消磨时间。

看着昔日充满灵性、充满诗意的陆小曼竟变得如此沉沦，徐志摩痛心不已，他想方设法，希望尽最大的努力把陆小曼改变过来，希望陆小曼重新回到热恋时的那个状态。徐志摩开始不厌其烦地劝导陆小曼不要沉迷在奢靡的生活中，却始终没能得到陆小曼的理解。

6. 难舍翁瑞午：没有爱情的感情

徐志摩去世之后，陆小曼悲痛不已，数次昏厥过去，醒来之后只是嚎啕大哭，直到眼泪都流干了。陆小曼此时究竟悲伤到什么程度，连郁达夫都觉得难以描写，他说："悲哀的最大表示，是自然的目瞪口呆、僵若木鸡的那一种样子，这我在陆小曼夫人当初接到徐志摩凶耗的时候曾经亲眼见到过。"

徐志摩的遗体从济南运回上海后，陆小曼见到了现场唯一的一件遗物——一幅山水画长卷。这幅画是陆小曼于1931年春创作的，堪称陆小曼早期的代表作，风格清丽，秀润天成。更为珍贵的是它的题跋，计有邓以蛰、胡适、杨铨、贺天键、梁鼎铭、陈蝶野诸人手笔。徐志摩把这张手卷随带在身，是准备到北京再请人加题，只因手卷放在铁匣中，故物未殉人。陆小曼看着这张画卷，想到徐志摩的种种好处，泪水涟涟，百感交集。自此，她一直珍藏着这幅画，如同保护自己的生命。

徐志摩死后，他的好友纷纷撰文，对陆小曼口诛笔伐。他们认为徐志摩的死，完全是因为陆小曼，如果不是陆小曼奢侈的生活，徐志摩就不用拼命挣钱，也就不用北京、上海来回奔波，就更不会有飞机失事。

对于这一切谩骂，陆小曼只是默默承受，始终未做回应。在徐志摩死后，陆小曼终日素服，闭门不出，绝迹于舞厅娱乐场所。陆小曼在卧室里悬挂着徐志摩的大幅遗像，每隔几天她就买一束鲜花放在遗像前面，因为徐志摩生前很爱鲜花，所以她总是在鲜花枯萎之前就换上新鲜的。

徐志摩死后，很多朋友开始疏远陆小曼。但是翁瑞午却一直不离不弃，细心照料陆小曼的生活起居。而且徐志摩的死，对陆小曼的打击太大，她为了麻醉自己，更加难以摆脱鸦片的习好。为此，她还做过一夜的班房。在当时的上海，鸦片属于违禁品。在国民党一次禁毒过程中，他们发现陆小曼家藏有烟具，就将陆小曼逮捕，关了一夜。由于陆小曼是当时的名人，加上翁瑞午上下打点，所以在第二天就放了出来。

其实，在徐志摩生前，为了给陆小曼医病，翁瑞午就频繁出入徐府，而且对陆小曼，翁瑞午也是极尽讨好之能事，甚至不惜血本。而且，翁瑞午懂得女性，既会迎奉、拍马、讨好，也知冷知热，体贴周到。对于女人，翁瑞午并不看重，就像衣服，旧了就扔。但对陆小曼却情有独钟，有意迎奉，多方讨好。

对于陆小曼，翁瑞午引为知己，深情厚意，颇为看重，可以说是不离不弃。陆小曼的干女儿曾说过，翁瑞午和陆小曼有很多相似之处，他们都好戏曲，抽大烟，过着日夜颠倒的生活。翁瑞午为人精明仔细，善解人意，在陆小曼身上处处留心体贴。相对于徐志摩，她反而对翁瑞午的印象更加深刻，这可能是翁瑞午在徐府的时间比徐志摩更多的缘故吧。而且翁瑞午风趣幽默，很会哄小孩子，相比较，徐志摩过于沉静了。陆小曼的干女儿还一再强调，翁瑞午对陆小曼确实是刻苦用心，无微不至，绝无轻浮之意。

事实上也确实如此，陆小曼和翁瑞午在思想、观念、感情、趣味、生活习惯上有太多的一致，在一起更加默契、愉快。按理说有这样的知己是人生一大快事，遗憾的是他给陆小曼带来许多坏习惯，因而害了她。

徐志摩失事之后，陆小曼的身体一下就垮了，翁瑞午为了照顾陆小曼，就更加频繁出入陆小曼的住处（其实两个人一个住楼上，一个住楼下，并未越礼）。可这一切引起徐志摩父亲极大的不满（他认为陆小曼应该维护自己儿子的声誉），徐父去信告诫陆小曼，要是再与翁瑞午纠缠不清，就不再支付陆小曼的生活费。原来徐父买通了里弄口看门的，日夜监视陆小曼的一举一动。得知这一情况，翁瑞午大怒，毫不客气，当晚就搬到楼上，另设一榻而睡。从此以后，陆小曼一切生活开销，都由翁瑞午负责。

翁瑞午很会花言巧语，说话风趣幽默，陆小曼和他在一起，常常是他讲，陆小曼在一旁静静听着。有一次翁瑞午当着别人的面开玩笑说："你们晓得吗?陆小曼可以称为海陆空大元帅。因为王赓是陆军，阿拉是海军少将，徐志摩是飞机上跌下来的、搭着一个'空'字。"说罢哈哈大笑。旁人听了去，尴尬不已，陆小曼听罢，只是淡然一笑。这是因为，陆小曼是一个宽厚的人，徐志摩死后，她的心灵已经麻木，她对翁瑞午那一套已经见怪不怪，由他去说。

陆小曼也曾说过自己和翁瑞午的关系，陆小曼认为自己和翁瑞午只有感情没有爱情，因为她心里爱的始终是徐志摩，但是徐志摩坠机身死之后，自己太过伤心，身体大不如前。翁瑞午则时常过来医治，又以老友身份时时劝慰，天长日久，陆小曼也就默许了这种同居的生活。但又与翁瑞午约法三章：不许抛弃发妻，两个人不结婚，宁愿过着不清不楚的同居生活。

陆小曼知道，翁瑞午与原配妻子也是有过感情的，他们育有5个儿女，他的妻子日日照看着家，连戏衣都帮他洗干净晾好。所以陆小曼才不许翁瑞午与他的原配离婚，因为，一则她自己无法忘记徐志摩；二则，翁瑞午的发妻是旧式女子，离开了他，恐怕无法活下去。

陆小曼和翁瑞午这种不清不楚的关系让徐志摩的亲友很是不满，他们纷纷劝说陆小曼应该记住“徐志摩遗孀的身份”，不要毁坏徐志摩的名声。这其中胡适就是比较重要的一个，胡适对陆小曼一向就有好感，陆小曼也感觉得到。而且他一向看不起翁瑞午，很久前就讥讽翁为“一个自负风雅的文化掮客”。

徐志摩死后，胡适便以保护人自居。他向陆小曼提出，要她与翁瑞午断交，以后一切费用由他负全责。陆小曼委婉地拒绝了他的要求。胡适显得很不高兴，就说：“如果你不终止与翁的关系，那就是要和我绝交了。”陆小曼不置可否，听之任之。

另一好友赵家璧则开门见山地让陆小曼与翁瑞午绝交，以澄清流言。

陆小曼却不以为然，她认为徐志摩生前翁瑞午就住在这里了，现在还有必要让他走吗？况且做了寡妇就不能有朋友了吗？再者，翁瑞午对她一直照顾有加，自己又怎能不仁不义。

男女之间，依赖长久，很难不发生感情。哪怕这种感情并不是爱情，就像陆小曼和翁瑞午，他们早已不是夫妻却胜似夫妻，已经把彼此当做自己的亲人。时间越长，越离不开彼此。即便在陆小曼年龄大了之后，昔日娇艳容貌已不复存在。而且因为长时间吸食鸦片，她的身体也越发不好，牙齿几乎全部脱落，牙龈也都是黑的，头发蓬松凌乱，脸色泛青，大半时间都要卧于病榻。即便如此，翁瑞午待陆小曼依然如故，问茶问水，供应陆小曼医药饮食。试问这份坚守又有几人能做到？

翁瑞午对陆小曼确实做到了始终如一，为了供养陆小曼，他将自己的所有收藏变卖不遗。1960年前后三年，物资奇缺，为了一包烟、一块肉，翁瑞午不惜冒着酷暑、顶着严寒排长队去设法弄到。他有一个香港亲戚，时有副食品惠寄，翁瑞午也只取十分之一，余者都送给陆小曼。陆小曼发病，他端汤奉药，不离左右，直至他1961年故世。

1961年，翁瑞午临死前两天，约赵清阁和赵家璧见面。翁瑞午抱拳拱手地招呼他们，说道："今后拜托两位多多关照陆小曼，我在九泉之下也会感激不尽的。"这片心意再说明问题不过，他爱她，对她有责任感，他能这样待陆小曼，这样情深意浓，不也很感人吗？他倒不是一个轻薄负义的男人。

陆小曼对翁瑞午也是不离不弃，在1955年翁瑞午犯了错误。陆小曼的几个朋友纷纷劝说陆小曼和翁瑞午划清界限，以免受到牵连。陆小曼却并未放弃翁瑞午，她在心里感激翁瑞午这些年的照看，认为在这个时候离开翁瑞午，那是不仁不义，自己断难心安。陆小曼对翁瑞午也许真的只有感情没有爱情，但她对待感情也是忠诚不二的。

翁瑞午对陆小曼一生的情义极重，他们之间没有爱情，但存在着亲人一样的感情，更让他们长久地生活在了一起。亲情总比爱情更值得信赖。陆小曼在1959年填写的档案表格上，在家庭成员一栏正式写上了翁瑞午，从而表明了他们的关系。

毫无疑问，那些劝说陆小曼离开翁瑞午的朋友，都是为了陆小曼着想，可是他们并不了解翁陆二人早已融为一体，他们不是夫妻却胜似夫妻，他们不可能为了区区小利而分开，硬让两个人分开，无疑是对人世间情感的亵渎。

7. 此情可待成追忆：细说陆小曼与翁瑞午

陆小曼一生的感情可以说是一出悲剧，她的悲剧来自于自己的性情，也来自于自己所处的环境，更来自于她的遭遇。

陆小曼一生经历了3个男人，王赓、徐志摩和翁瑞午。陆小曼与王赓可以说是相识，与徐志摩是相识相爱，与翁瑞午则是相识相守。

王赓与徐志摩先后是陆小曼的丈夫，但是他们两个和陆小曼在一起的时间加在一起也不足十年，而翁瑞午作为陆小曼的知己，却陪伴了陆小曼三十三年之久，这不得不让人称怪。

翁瑞午可以说是出身名门，其父亲翁绶琪曾任广西桂林的知府，与画家吴湖帆的祖父吴大澄一起参加过甲午海战，又是位名画家。在家庭的影响下，翁瑞午幼承庭训，通晓国画。小时候随父亲赴香港，后在香港英国皇家学院肄业，回上海后，从丁凤山学推拿医术，18岁就已成了颇有名气的推拿医生。

翁瑞午喜欢戏曲、绘画，懂得鉴赏古玩；他喜欢交朋友，出手大方，颇有人缘；他聪明、风趣，很招人喜欢；他还抽鸦片，追女人，是上海十里洋场的花花公子。他家中有妻有子，但丝毫不妨碍他在外风流。对于女人，他并不看重，就像衣服，旧了就扔。但他对陆小曼却情有独钟，引为知己，一生不离不弃。

翁瑞午与陆小曼相识、相交前后有三十多年，陆小曼一直把翁瑞午当作挚友，因为兴趣相同，嗜好相同。翁瑞午不仅会唱京剧，而且是京剧名票。而陆小曼也好戏曲，经常出入各种剧院登台献艺。因此，相比较之下，陆小曼与翁瑞午反而有更多的共同话题。

其实，与其说是翁瑞午闯入了陆小曼和徐志摩之间，不如说是徐志摩把翁瑞午“请”了进来。徐志摩夫妇从北京回到上海不久，就与翁瑞午相识，并经常串门，相约一起登山游湖。他的北方话说得不错，很会花言巧语，人活络又很风趣。他喜欢唱戏、画画，又教陆小曼学会了吸鸦片，与陆小曼可以说趣味相投。

陆小曼天性爱美，又喜作画，翁瑞午便投其所好，时时袖赠名画，以博其欢心；而徐志摩虽然对陆小曼有天大的爱心，但他只会送诗，而不会投陆所好，送几张好的画给她。慢慢地，翁瑞午就在陆小曼的朋友中占了比较特殊的地位。但是，徐志摩并未吸取王赓的教训，当初正是由于王赓工作忙，经常请徐志摩陪陆小曼玩，才惹出徐志摩和陆小曼的情事来。现在，徐志摩又拉翁瑞午参与他们夫妇间的旅游，无疑是一个很大的失策。

陆小曼嫁给徐志摩之后，身体更加糟糕，时常生病，而且每次生病的时候，脾气很差，经常无故发火。可是只要翁瑞午为她推拿，病痛缓解后，就像变了个人似的，说话轻声细语，待人和颜悦色。为此，徐志摩非常感谢翁瑞午，便经常邀请翁瑞午为陆小曼推拿治病。但他没想到自己会走上王赓的老路。

翁瑞午也确实是个玩家，为人极为健谈，笑话连篇，对正经事也亦庄亦谐，信口开河，有真有假，陆小曼把他当做茶前饭后的笑料解嘲，舒展心中抑郁的闷气。而翁瑞午也乐得陪陆小曼聊天解闷，舒展心情。

在徐志摩死后的岁月里，陆小曼几乎是众叛亲离。徐家长辈只愿意付给陆小曼很少的生活费，这对于奢侈惯了的陆小曼来说，无异于杯水车薪。一开始，徐志摩的前妻张幼仪还想法多方周济陆小曼，后来张幼仪随徐家去了香港，更是没有人再给陆小曼扶助。这个时候，翁瑞午来到了陆小曼的身边，他一直供养着她，对她嘘寒问暖。对陆小曼这个红粉知己，翁瑞午可谓是掏心掏肺，无微不至，只要陆小曼过的比他好，要他怎么样付出都可以。在照顾陆小曼的过程中，翁瑞午最喜欢被称为“大好佬”了，陆小曼一旦有什么事情，他总习惯说：“我来，我来！”陆小曼也乐得看他忙碌。

其实翁瑞午的担子并不轻，他要负责三个家庭的生计：一个是他自己的家，夫人和五个孩子；一个是他同父异母哥哥的家，哥哥早已去世，遗下一个太太和九个孩子；一个就是陆小曼的家，家中除了陆小曼及她的表妹带着两个儿子一直吃住在此，还有十几个佣人。

翁瑞午的收入靠给人看病，当账席，炒股票，后来还在江南造船厂当会计。可是这些并不够，于是他就变卖家传的字画、家具等等。即便如此，他还是倾其所有满足陆小曼。他带给陆小曼的不仅仅是欢乐，还有家庭的安定，陆小曼因此不必为钱发愁。说到底，他就是给她一个“现世安稳、岁月静好”，给她一个童话世界，任凭外面战火连天，陆小曼依旧可以过她的神仙日子，不为柴米油盐皱眉头。

陆小曼说她对翁瑞午“只有感情，没有爱情”。就算是这样的感情，也是难能可贵的，并不该遭受他人的鄙薄。试想，一个无依无靠，被社会公众所遗弃，没有能力生存的女子，在那时，面对那么多的责难，那么多人的鄙弃，不为所动，甚至拒绝了胡适的援助，只因胡适的条件是要她断绝与翁瑞午的关系，便能负担她今后的所有。

如果陆小曼真的是贪图生存，那么与胡适在一起自然可以衣食无忧，可是她却断然拒绝了：“翁瑞午虽贫困已极，但始终照顾得无微不至，20多年了，我怎么能在现在把他赶走呢？”陆小曼有丈夫之气，所以胡适空认识了陆小曼一场，却会提出这样一个对于陆小曼来说违背其心性品格的条件来，不能不说是遗憾。

女作家赵清阁和赵家璧曾将陆小曼约出来，劝她离开翁瑞午，这是他们俩的一片好意，认为新社会决不能接受翁瑞午这样的人，怕陆小曼跟上他受连累。但陆小曼不这样认为，她还是从容地过她与翁瑞午的日子，坚决不离开翁瑞午。这倒也是陆小曼的人品，她不会在不需要朋友的时候就抛弃朋友，她向来是一个讲意气的人，更何况对翁瑞午，他对她有恩，她不能忘恩负义。

其实30多年相处下来，他们早已荣辱与共、相濡以沫，有着深厚的感情。他们早已融为一体，不是夫妻胜似夫妻，谁也离不开谁。他们在思想、观念、感情、趣味、生活习惯上已经有太多的一致，在一起备感默契、愉快。他们互相为伴，互为需要。

在才情和事业方面翁瑞午确实比不过徐志摩和王赓，但是他却是与陆小曼相伴最长久的人——33年——从陆小曼最姣艳到最凋零，他看尽春色，陪伴陆小曼大半生。

人的感情就是那样的奇怪。王赓可谓正人君子社会栋梁，可陆小曼偏偏不喜欢；徐志摩与她的爱情可谓惊天地泣鬼神，可生活中冲突频频，婚姻几乎濒临破裂；而翁瑞午，一个上海滩的遗少，却和她相处和睦长达33年，真让人匪夷所思。

这也许与陆小曼的性情有关，她是一个有着强烈个性的感性女子，一生都依照自己的真性情生存。只有翁瑞午，他始终陪伴在陆小曼身边，送她喜欢的画作，投其所好；给她按摩，分文不取；点烟送茶，心甘情愿；听她诉苦，多有理解；关心照顾，体贴入微；提供金钱，不遗余力；半生相伴，不离不弃。他做到所有的这一切，却从来没有像王赓或徐志摩那样，试图按照自己的理想去改变陆小曼、塑造陆小曼，所以，他们也相处得最融洽。

纵观陆小曼的一生好比一个山坡，上山时遇到王赓，在山顶遇到徐志摩，下山时遇到翁瑞午，而这下山的几十年，她是每况愈下。在凄惶的人生夕阳里，翁瑞午能做到与她相守相伴，也是难得。其实话说回来，翁瑞午又何尝不像陆小曼的一支烟，陪她一同享受着，一同毁灭着。这两人身上都有点颓废的纸醉金迷的气质，仿佛戏曲脸谱上最红亮和最鲜绿的两抹油彩，他们是真正属于旧时代的红男绿女。从这个意义上说，也许他们俩才算是绝配。

第六章　一代才女：文艺界的“普罗米修斯”

她是一代才女，在与王赓、徐志摩和翁瑞午的情爱纠葛中，在繁华奢靡歌舞升平的舞台上，她用生命进行着绝艳的演出。也许是上苍的眷顾，陆小曼不仅生得倾国倾城，还多才多艺。用现代人的眼光看陆小曼，她是一个极具勇气、毫不伪饰、敢于追求个人幸福的真女子，而绝不是什么“祸水”。她擅长戏剧，曾与徐志摩合作创作《卞昆冈》五幕话剧。她谙昆曲，也能演皮黄，还写得一手好文章，有深厚的古文功底和扎实的文字修饰能力。她长于油画，还会弹钢琴，被胡适誉为“一道不可不看的风景”。

1. 才女拜师学作画

说起陆小曼，大家能想到的多是她和徐志摩的情事，多数忽略了她在诗文、绘画方面的才能。近几年，陆小曼的画作开始出现在各大拍卖会上，引起不少藏家的注意。她在绘画方面的才能也开始为大家所熟知。

陆小曼的绘画启蒙老师是她的母亲吴曼华。吴曼华出身官宦人家，多才多艺，擅长中国工笔画。陆小曼从小就随母亲学习中国工笔画，由于她天资聪颖，很快就掌握了细笔工整密体画法，她临摹了宋代院体画、明仇英的人物画、清沈铨的花鸟走兽画等，颇得神韵。陆小曼的父亲也称赞她青出于蓝而胜于蓝。

陆小曼接触西方绘画是在全家迁往北京之后，她入读北京的法国圣心女子学堂，开始学习西画，主攻静物和风景临摹，这也为她后来画山水画打下了一定的造型基础，很快陆小曼就展露了她在绘画方面惊人的天赋。

优秀的人在哪里都会出类拔萃。在圣心女子学堂的时候，陆小曼也是格外引人注目，她的画作崭露头角，经常被张贴在展墙上。一次，一位外国朋友参观学校的时候，看到陆小曼的一幅画作，竟当场支付了200法郎将这幅画作买下，这笔钱最终作为了学堂的办学经费。

但是与西洋画相比，陆小曼更热衷于国画，虽然在这个时候她还没有正式地拜过师，但是在当时也接受过不少名家的指点，国画大师刘海粟就是比较有名的一位。在陆小曼现存的国画作品中，其最早的作品应该是在1931年春创作的一幅山水长卷。这幅画作于陆小曼人生最颓废的时期，所以也显得尤其珍贵，徐志摩对这幅山水长卷更是爱不释手，随身携带，四处请好友在画作上题跋。1931年11月19日，这幅山水画卷经历了那场令人痛心的空难，所幸的是它被徐志摩藏在了铁匣中，这才免于被焚毁。这幅作品是陆小曼少有的长卷作品，大体代表了她拜师以前的绘画水准。

不过有趣的是，在那个年代对这幅画的评价与解读，出现了南辕北辙式的两种观点。一种以胡适为代表，认为这幅画并非写实之作，但也表现出了陆小曼在绘画方面的灵气，并提醒陆小曼："画山要看山，画马要看马，闭门造云岚，终算不得画。"另一方面是以杨铨为代表的，他们认为这幅画很有文人气质，文人画在于直抒胸臆，不拘泥于形似，但求寄情于山水。虽然大家认为这幅画的画工稍显稚嫩，但是徐志摩确实欢喜得很，带着这幅画到处找人题跋。

这幅画作于陆小曼和徐志摩迁往上海之后，由于陆小曼的身体原因，加上她太热衷于夜生活，所以画作不多。这个时候，她的画作还多是条幅、短幅或者扇面画。长卷的山水画，只此一幅，所以显得尤为珍贵。

1931年徐志摩乘坐的飞机失事之后，陆小曼伤心欲绝，一改此前糜烂的生活。回想徐志摩对自己绘画和文笔的欣赏，陆小曼开始潜心学习。后来经翁瑞午引荐，她拜贺天健为师学习山水，拜陈半丁为师学习花鸟。

对于陆小曼懒惰而又没有恒心的品行，贺天健先生也是早有耳闻。为了不至于玷污自己的名声，陆小曼拜师的时候，贺先生与其约法三章：第一，老师上门，杂事丢开；第二，专心学画，学要所成；第三，每月五十大洋，中途不得辍学。有了名师的指导，加上陆小曼也确实有心要振作，所以她的绘画水平进步不少。除此之外，贺先生还鼓励陆小曼多看真山真水，对古今名家的画作也要仔细揣摩，分辨出它们的优劣，对于自己的作品更要认真细看，做到去粗取精，切不可敝帚自珍。

陆小曼的悟性极高，跟随贺先生学画之后，进步神速。但是，她还是没能改变懒惰的个性。贺先生对她的评价是：“天分很高，就是不用功。”无奈之情，溢于言表。为了加强陆小曼在绘画上的功力，贺先生还鼓励陆小曼多与当时的名家进行切磋交流。铢积寸累，对她的画艺进步也起了不小的作用。

良好的天赋，加上严师的监督，陆小曼最终取得了不小的收获，虽然她的画作达不到一流的水准，但是也已经颇见功底。而且绘画内容也开始丰富起来，有山水画、花鸟画、人物画等等，而且从技法到情感和绘画的渲染力，经过十年磨练，陆小曼也算脱胎换骨了。

这一时期，陆小曼的画多为山水画。当然，由于身体原因，陆小曼的山水还是自己心中的山水。只是相较于1931年的山水，已经没有了磅礴之气，锋芒之气也有所收敛。给人的感觉是淡然、冷寒，在红尘之外的寂寥，有种拒人于千里之外的感觉，仿佛在逃离这尘世。陆小曼的山水已经不再热闹。这种画境的变化，应该与徐志摩的去世有很大的关系。

徐志摩去世之后，陆小曼悲伤不已，绝迹于舞厅戏院，基本不再参加社交活动，只是偶尔出席“中国女子书画会”一些成员的书画展。“中国女子书画会”成立于1934年，由上海的一些知名女画家成立，最多时会员达两百多人。考虑到陆小曼在上海的影响，“中国女子书画会”也向陆小曼发出了邀请函。但由于身体原因，而且陆小曼内心已归于平静，所以并没有参与该协会的日常事务，与协会的画家也并没有过多的交往。陆小曼一直在向徐志摩内心里所希望的那个陆小曼在努力，潜心绘画，专心作文。

翁瑞午作为陆小曼的知己，在陆小曼学画和创作的过程中，给予了很大的帮助。但是谈起这两个人，大家关注的却是他们一块抽鸦片，一块唱戏，甚至于是他们的感情，对于画作方面的事则很少涉及。对于陆小曼学画，翁瑞午的帮助不仅仅是经济上的资助，由于翁瑞午本人在绘画方面也有不小的成就，所以在绘画技巧方面也对陆小曼不时进行指导，从谋篇布局到设色技法等方面，无不尽心尽力。二人本来就是知己艺友，现在又共谱丹青，很有几分神仙眷侣般的情景。翁瑞午知道陆小曼喜欢名家画作，为了讨好陆小曼，他多方搜集古代名作，通过对这些名作的鉴赏，陆小曼对绘画方面的领悟更加深刻，其在绘画上的功力也日渐深厚。

大量的开支，使得二人的生活开始捉襟见肘，不得已开始卖画换钱。生活最困难的时候，两个人还在报纸上刊登启示一作画，卖画。虽然两个人的收费比较高，而且是先付款后作画，但是找陆小曼作画的人却是络绎不绝，从堂幅、立轴到折扇、手卷，求画者比比皆是。

随着画技的进步以及画作的增多，1941年11月，陆小曼在上海大新公司四楼的大新画廊举办了个人画展，这次展出的作品有一百多件。在这次画展之前，翁瑞午就广邀朋友，加上陆小曼在上海的名气，在展出当天，社会各界名流纷纷前来捧场。当然，来的这些名流大多并不是冲着陆小曼作画的技巧，而是冲着她的名气来的。当天画作的销售也颇为乐观，大大改善了两个人窘迫的生活。

不过由于陆小曼有较深的鸦片烟瘾和较重的疾病缠身，所以此后的绘画作品仍然不多。由于多方面的原因，使得陆小曼在绘画方面用功不够，这也阻碍了她向更高层次的发展，令人惋惜。

2. 潜心文学，心底赤诚笔高超

在徐志摩和陆小曼婚姻中扮演重要角色的刘海粟曾说过，陆小曼是风采兼文采，豪情兼柔情。但是世人谈起陆小曼，多是谈论其芳倾南北的风采和一掷千金的豪情。对于柔情，恐怕只有徐志摩知道了。而说到文采，今人所知却是很少。然而，陆小曼在文学方面确实有不小的成就。

陆小曼的文学创作涉及的形态比较多，如散文、戏曲、小说、诗歌、译作等等多有涉猎。但是其创作的数量并不多，而且大多与徐志摩有关。这可能与陆小曼慵懒的性格有关，所以她留下的文字并不多，这也是当今许多学者都认为陆小曼在文学上的影响不如林徽因、凌淑华等人的原因，不过，事实也确实如此。

陆小曼早期的创作大多是散文和诗歌，她的散文多是以日记的形式出现。现在市面上见到的《陆小曼日记》就是那一时期的作品。不过这一出版物并非完全本，是陆小曼根据出版需要，删去部分内容后而成的。时间跨度也比较小，仅仅从1925年3月11日至7月11日，也就4个月时间。从这些日记中并不能完全了解那一时期陆小曼的真实情感。

而陆小曼日记的原本一共有两本，全本的日记在陆小曼逝世之后才发表出来。日记记录的时间是从1925年3月到1926年3月，正是陆小曼与徐志摩热恋时期。在和徐志摩结婚之后，她记日记的习惯也被抛诸脑后了。记日记的日记本也不考究，就是两本简单的练习本，用毛笔写就。在这一时期，陆小曼的内心是非常苦闷的，自己与王赓的感情陷入僵局，与徐志摩又没有进展，还要忍受来自社会各个方面的口诛笔伐，这一切都让陆小曼感到非常苦闷，日记的内容也多是内心情感的抒发。

这些日记记录了陆小曼对徐志摩浓浓的爱意和深深的思念，当然也有些许不满，热恋中少女的情怀跃然纸上，让人如临其境。除了记录了和徐志摩相关的心境，也记录了自己身边的一些人和事，有对父母的埋怨，埋怨父母不够理解自己，不支持自己追求幸福；也有对丈夫的怨恨，怨恨丈夫对自己的管制；还有就是与朋友相交的一些言行等等。总体来说，这些日记属于陆小曼早期的文字内容，在风格上还没有受到徐志摩的影响，显得比较清新明丽。

《陆小曼日记》的文风清丽而缠绵。述事时自然淡雅，而思念徐志摩的文字则浓情蜜意，充分显示了一个小女子对爱情的憧憬和离别时的苦楚。

在徐志摩去世之后，陆小曼悲痛不已，写下了《哭摩》。这篇文章写得情真意切，悲伤痛苦跃然纸上。徐志摩在世的时候，陆小曼不大写东西，但天天和徐志摩在一起，无形之间便受了他的文学上的熏陶，她的这篇《哭摩》浓丽哀婉，文风直逼徐志摩，可以说是对徐志摩最好的怀念。

除了散文，陆小曼也写过一部短篇小说，这部小说与其说是陆小曼写出来的，不如说是被自己的好姐妹赵清阁给逼出来的。1946年，赵清阁应赵家璧之约，为他的晨光图书公司编一本《现代中国女作家小说专集》。赵清阁是当时著名的女编辑、女作家。赵清阁邀请了当时的著名女作家如苏雪林、冯沅君、袁昌英以及冰心、沉樱、谢冰莹、陆晶清等人撰稿，还邀请了陆小曼。

那个时候，赵清阁与陆小曼已经认识有两年多的时间了，两个人也是不错的知己好友，她知道陆小曼很有文采，便想趁编此书的机会约陆小曼写一篇小说，其中的一个目的也是为了让陆小曼奋起。在徐志摩坠机身亡之后，陆小曼一直在被责骂、被指责、被唾弃。而陆小曼自己也颓废不堪，消沉低迷，通宵达旦吸食鸦片麻醉自己。赵清阁希望通过著书创作，让陆小曼摆脱这种颓废的生活。

赵清阁将自己这一想法告诉了赵家璧，作为徐志摩的学生，赵家璧也很为自己的师母担忧，他也希望陆小曼能尽快走出阴霾，重新振作起来。为了说服陆小曼，赵清阁和赵家璧先后多次拜访陆小曼，陆小曼最终被他们的真诚所感动。在准备写作的时候，陆小曼表示自己一定会戒除鸦片，写出一部小说回报朋友的关怀，也要用这部小说回应徐志摩生前的期许。

陆小曼接受写作任务的时候，上海正值夏季，酷热难耐，而陆小曼又有哮喘病，时常被病痛折磨得卧床不起，身下的凉席总是被汗水打湿。鸦片瘾也让陆小曼痛苦不堪，饱受诸多痛苦的陆小曼曾几欲中断小说的创作，不过她没有忘记自己的承诺，在自己的努力和朋友的监督下，最终完成了这一创作。

对于懒惰惯了的陆小曼来说，能在这么艰苦的环境下坚持写作，实在是难能可贵。这也一方面有赖于朋友的劝说、监督；另一方面还在于陆小曼本身，因为她明白，朋友这是在给自己活下去的基石。徐志摩去世之后，仅有的文笔才气成了陆小曼活下去的支撑。而赵清阁正是用逼迫的手段，让陆小曼来挥洒自己的才气，让她感觉到自己还需要、也能够活下去。就这样，在赵清阁的逼迫下，陆小曼最终不负众望，写下了一部两万字的小说——《皇家饭店》（原名《女儿劫》），也是陆小曼唯一的一部小说。

在这部小说里，陆小曼用自己熟识的经历作为小说的基本，描绘了那个病态的大上海奢华背后的真实场景，但是主人公却是出淤泥而不染，洁身自好。陆小曼也是在通过这部小说告诫自己，要与过去决裂，开始新的生活。

对于这部小说，赵清阁格外偏爱，她大加赞扬《皇家饭店》：“描写细腻，技巧新颖，读之令人恍入其境，且富有戏剧意味。”

也许透过这部作品，陆小曼也在给自己下决心，告别过去，迎接新的生活。在这部小说之后，陆小曼在友人的劝说下戒掉了鸦片烟，摆脱消沉，一面同疾病作斗争，一面坚持挥毫作画。

相比较散文和小说，陆小曼在诗歌方面的成就更明显一些。王映霞曾说她“才华横溢，绝顶聪明，能背出唐代诗人李白、杜甫、白居易的许多古诗”。我们从她的一些题画诗中也可看到，她对诗与画的理解十分贴切和透彻。后来她与一些文艺界名人（包括一些诗人）来往，尤其是受到丈夫徐志摩的影响，对诗歌耳濡目染，作诗技巧渐趋成熟。徐志摩离世后，陆小曼一心向上，请汪星伯教她作诗，诗艺又有推进。可惜的是陆小曼留存在世的诗歌并不多。

1933年清明节，陆小曼回到徐志摩的故乡祭拜。在徐志摩的坟前她写下了——《清明回硖石扫墓有感》：

肠断人琴感未消，此心久已寄云峤。

年来更识荒寒味，写到湖山总寂寥。

这首诗读来能体会到陆小曼锥心泣血般的伤感，真是一字一泪，情景交融，荡气回肠，寄意苍凉。这首诗也显示出了陆小曼深厚的古文功底和扎实的文字修饰能力。

在现代诗方面，陆小曼受到丈夫徐志摩的影响。陆小曼现存的诗歌有十多首，但大多是旧体诗。陆小曼的一首新诗，是发表在《南风》杂志上的《秋风》。这首诗作于徐志摩逝世之后，写出了陆小曼在徐志摩去世之后内心的凌乱和痛苦，但也表示出了要改变现状的决心。这首诗带有浓厚的徐志摩色彩——浓丽哀怨。

徐志摩死后，陆小曼开始兑现曾经对他许过的诺言："我一定做一个你一向希望我所能成的一种人，我决心做人，我决心做一点认真的事业……"她终于做到了，她真的成了徐志摩希望的那种女子：知性，富有才情。

3. 歌台暖响，结伴唐瑛演昆曲

民国时期的上海是一个人才辈出，也是一个名媛辈出的地方。而在活跃的社交舞台上一直有着“南唐北陆”的说法，南唐指的是身在上海的南方佳人唐瑛，北陆指的是活跃于北京的北方绝色陆小曼。后来陆小曼随徐志摩南下，也来到了上海，就这样，“南唐北陆”在上海碰头，一时之间引起上海社交界的大动荡。虽然，同为社交场所的领军人物，但是两个人没有陷入竞争，反而颇有惺惺相惜的感觉，成为了好朋友，经常一起流连于舞厅剧院。

陆小曼和唐瑛在南北社交界各领风骚。但是两个人的身上又有许多相似的地方。两个人都出身名门（这是民国时期能够被称为“名媛”“交际花”的先决条件），父辈都是社会名流；感情生活丰富，都纠缠于多角恋当中；两个人都毕业于名校，能操一口流利的外语。

出身名门的两个人，在生活上要求都比较高，花钱大手大脚，热衷于奢靡的享受。

陆小曼与唐瑛步入社交场所也都是高规格的起步，而且都与戏曲多多少少有些关联。陆小曼是以外交部翻译的身份步入社交场合，在为外国使节介绍中国戏曲时给了外国使节一个不软不硬的钉子。唐瑛则是在接待英国王室的晚宴上大放异彩，从而正式踏入社交界。唐瑛在接待英国王室的晚宴上，不仅弹奏了钢琴曲，还现场表演了中国的昆曲。其娴熟的钢琴演奏，流利的英语给英国王室留下了深刻的印象。而且，她优美的昆曲唱腔也让英国王室赞叹不已。这场宴会之后，上海各大报纸纷纷刊登了唐瑛的玉照，一时之间，唐瑛变得街知巷闻，风头甚至盖过了英国王室。

其实唐瑛和陆小曼一样，也很热爱戏曲，尤其喜爱昆曲，两个人在昆曲上都有一定的造诣，这让两个人就多了很多共同的话题。两个人经常一同登台献艺，作为上海滩最知名的两位名媛，她们联袂登台献艺，引起的轰动可想而知。所以每当两个人作为票友登台的时候，总能引起爆棚的效果，四座为之痴迷疯狂。

在两个人的众多次合作中，1927年的一次义演，最为让人津津乐道。1927年3月北伐军进驻上海，为了慰劳北伐将士，也为了募集捐款支援前线，国民党几位要员的夫人发起了“慰劳北伐前敌兵士会”。在起初的活动中他们并未筹到足够的款项，遂决定再组织一次义演，陆小曼和唐瑛在这次义演中均被邀请。

这一次的演出，不仅筹到了足够的款项，也让陆小曼和唐瑛出尽了风头。虽然以前陆小曼以票友的身份串过戏，也参加过一些义演，但那都是玩票的性质，这一次在中央大戏院的募捐义演对于陆小曼来说是真正意义上的第一次正式登台献艺。而且由于陆小曼对于昆曲很有造诣，还被选为了昆曲部的主任。这次演出对唐瑛来说也是难能可贵，因为这次要连演三天，而且还是与很多名家一块参加演出，对她与陆小曼来说是一个不可多得的机会。

这次义演，陆小曼的演出被安排在了第二天，表演的曲目是昆曲中的折子戏《思凡》，与唐瑛合演昆曲《拾画》《叫画》，最后与江小鹣等人合演《汾河湾》。虽然很多都是现学，但是凭借良好的天赋，两个人还是博得了满堂彩，大获成功。

其中陆小曼表演的折子戏《思凡》是昆曲中最为考究功夫的一出戏。在戏曲界有“男怕夜奔，女怕思凡”的说法，这两句话并非字面的意思，而是说的两出折子戏。一是出自《水浒记》的《林冲夜奔》，这出折子戏是昆曲武生中最难演的一出戏，对演员的要求极高，它既考验表演者的唱功，又考验表演者的做工，是一出全面考察一个武生唱念做打翻等各种技巧的功夫戏，所以才有“男怕夜奔”一说。另一个出自《孽海记》的《思凡》，说的是小尼姑色空不耐拜佛念经的寂寞生涯，私自逃出尼庵。因为剧中的小尼姑手执拂尘，所以表演者的身段需与手中的拂尘相结合，同样对演员的能力有较高的要求，是昆曲旦角难度最高的折子戏，故而有“女怕思凡”之说。

陆小曼通过自己精彩的表演，将唱功、做工发挥得淋漓尽致，给予了小尼姑色空以完美的诠释，也受到了观众的一致肯定。当时有人这样介绍了陆小曼表演的色空小尼姑，说她扮相俊俏，美妙动人，唱腔清晰动听，台步与做工自然优美。也有人说，陆小曼一举手一投足，一个眼波的流转，都将小尼姑不耐青灯黄卷的枯燥生活，向往人间大好春色的心理活动表现得活灵活现。

陆小曼与唐瑛合演的《拾画》《叫画》同样取得了不俗的反响。这两出戏是昆曲代表作《牡丹亭》的两出折子戏，在这之前有很多名家进行过表演，而且在她们演出的当晚，也有很多戏曲界的人士在台下观看，这对两个年轻人来说是不小的压力（当时陆小曼24岁，唐瑛才17岁）。但是陆小曼和唐瑛都是见惯市面的人，两个人丝毫没有露怯，将这两出折子戏演得有板有眼，不仅赢得普通观众的喝彩，也让戏曲界的人士赞赏有加。

在这次演出之后，上海的一些报纸专门刊登了陆小曼与唐瑛的一张对戏照。照片中，唐瑛扮演生角柳梦梅，陆小曼扮演旦角杜丽娘。从照片上看，陆小曼斜座在椅子上，右手搭在椅背上，左手轻摇折扇，遮掩自己的喜悦之情，娇羞中带着一丝甜蜜。唐瑛则是在走台步，对于旁边的陆小曼是似看非看，想看又不敢看，把一个面对爱情不知所措的书生形象表现得淋漓尽致。这一次的演出也让唐瑛在上海滩的名声更加响亮，奠定了其在上海滩头牌“交际花”的地位。

对于这次义演，陆小曼是带病出场，陆小曼何以会做到如此地步，据她自己透露，一方面是因为盛情难却，另一方面是觉得参加“慰劳兵士会”自己没有推脱的理由。为了能表演好自己的曲目，陆小曼和唐瑛这两位非科班演员可以说是加班加点地排练，被赞为这次义演中最为卖力气的两个人。对于被追捧惯了的两个人，能做到这个地步确实难能可贵，这应该是她们真的非常喜欢戏曲，所以才会如此不遗余力。

通过这次义演，陆小曼对戏曲表演也有了一定的认识，她在一篇自述中说过这样的话：“演戏并不是一件容易的事情，一个字咬得不准，一个腔使得不圆，一只袖洒得不透，一步路走得不稳，就容易妨碍全剧的表现，演者自己的自信心，观众的信心，便同时受了不易弥补的打击。”有了这样的心得体会，其表演能在众多实力高手中脱颖而出也就是意料中的事情了。

在这之后，陆小曼与唐瑛又先后多次同台，但是却再没有重现这次义演中的辉煌。而且1931年徐志摩去世之后，陆小曼就绝迹于社交场所，两大名媛同场献艺的场景就不复存在了，这对上海滩的看客来说不能不说是一大损失。

在陆小曼和唐瑛之后，上海滩又涌现出许多知名的“交际花”，但是她们的风采、她们的影响力与陆小曼和唐瑛相比确实逊色了一些，与陆小曼和唐瑛相比，这些人身上总是少了些什么。也许陆小曼与唐瑛的风华真的是无人能及。

4. 天马剧艺献舞技

陆小曼在北京的时候就是出了名的社交名媛，而且非常热爱京剧，经常出入茶馆、票社客串义演。徐志摩与陆小曼定居上海后，本想过安静的生活，他一边在大学教书，一边继续诗歌创作，同时也像其他男人一样，他希望在衣食上能得到妻子的照料。起先，陆小曼还能与丈夫夫唱妇随，两个人一块写写字、作作诗。久而久之，陆小曼开始厌倦这种生活了，觉得枯燥无味。上海奢靡的生活对陆小曼来说充满诱惑，没过多久陆小曼就又开始了让她如鱼得水的社交生活。

此时，社交圈里公认的“南唐北陆”同时出现在上海的社交界，成为了上海各界津津乐道的谈资。于是，在上海的舞厅、戏院这些上流社会公子小姐们经常光顾的场所，由于陆小曼的加入，又增添了一道风景。陆小曼也毫不吝惜机会，出入各种戏院登台作秀，客串义演。

上个世纪20年代是中国戏曲的黄金时代，在北京、上海、天津等地茶社，戏院遍地开花，各种曲种争相上演。当时表演最盛的是京剧，为此，有专门的报纸评选出了当时最负盛名的五位名伶——梅兰芳、尚小云、程砚秋、荀慧生、徐碧云，并称为“五大名伶”。对于自己喜爱的角，观者也不吝追捧，捧角之风日盛。在当时，上至达官显贵，下至黎民百姓，不分男女，皆热衷于此。对于热爱戏剧的陆小曼来说，捧角也在所难免，据说当时被她捧红的戏子多达十几个，而且她还认了袁美云、袁汉云姐妹为干女儿。

虽然戏曲行业越来越兴盛，但是戏子在人们眼中仍属贱业。可是，如果作为票友，尤其是像陆小曼这样的名票，登台献艺，再配合上赈灾的名义，倒是多了几份雅趣。鉴于陆小曼在上海社交界的名声，一旦有这样的活动，策划者必定要请陆小曼来捧场。徐志摩对于此道并不热衷，而且出于爱护，对陆小曼也不加干涉，有时候为了讨好陆小曼，难免上台充当龙套。

陆小曼在上海的首次演出是在恩派亚大戏院，陆小曼先演昆曲《思凡》，后与江小鹣、李小虞合演《汾河湾》为压轴，一时间名声大噪。此后凡有此类演出，总少不了陆小曼的参与。以至上海上流社会中，不分男女，闻陆小曼之名，咸欲一睹颜色为荣。

江小鹣是世家子弟，留学法国，回上海之后创办天马剧艺会，相当于艺术沙龙，一切开支都由江小鹣负责。他与徐志摩和陆小曼交情匪浅，所以天马剧社每年活动的时候，都要请陆小曼来捧场，陆小曼成为这个团体的顶梁柱。

但是1927年的演出，给徐志摩和陆小曼带来了一场不必要的麻烦。在1927年12月6日和7日，江小鹣主持的天马剧艺会组织了两场票友演出，地点定在夏令配克电影院。对于这次的演出，江小鹣非常重视，邀请了当时上海的多位知名票友，徐志摩、陆小曼、翁瑞午都是他的好友，也在邀请之列。这是徐志摩和陆小曼到上海的第一年，也许出于这个原因，江小鹣他们将这两天的演出主角都给了陆小曼。著名诗人与名媛妻子的加入，在上海引起了巨大的轰动，吸引了众多的名媛淑女、商贾政客，连文人雅士也纷纷表示关注，一时之间，上海滩大大小小的报社争相派出记者进行报道。

这两天公演的压轴戏码分别是《贩马记》和《三堂会审》。在《贩马记》的彩排中，由于扮演赵宠的唐瑛有几句唱词转不过调来，一气之下要求换人，本来他们想让余振飞来代替，但是余振飞有自己的角色，不愿舍此就彼，最后决定由翁瑞午来代替唐瑛。然而第二晚的《群英会》也是由陆小曼和翁瑞午挑大梁，而且陆小曼还硬拉着徐志摩出演红袍一角。一换一拉不要紧，却将这三个人一下子推到了风口浪尖上。

徐志摩并不喜欢这种场合，心里对登台作秀很是抵触，他也不懂戏规，演出时坐在桌子后面，却总是把穿着靴子的双脚伸到桌帏外面，闹出不少笑话。在这场《三堂会审》中还出现了一个不大不小的波折。剧中苏三上堂跪见按院大人王金龙时，王金龙见眼前跪着的竟是旧情人，一阵头晕目眩，不能继续审案了。苏三被带下，请医生给王金龙诊治，如果按照排练好的剧情来发展，医生是个哑巴，只需要诊治，不需要说话。但是当晚扮演医生的是一位漫画家，或许想达到搞笑的效果，竟临时加台词："格格病我看勿来格，要请推拿医生来看哉！"（上海话，大意是：这个病我是看不来的，要请推拿医生来看才行）但是对于早已有了绯闻的陆小曼和翁瑞午来说，这句戏言很不合时宜，引得台下观众哄堂大笑。

那天晚上的笑闹让当事人出尽了洋相，尤其是徐志摩，本来就不愿意出入这类娱乐场所浪费时光，如今还遭人当面讥笑，内心的痛苦可想而知。谁能料到，恼人的事却远远没有结束。1927年12月17日，也就是演完《三堂会审》后的第11天，上海一份名叫《福尔摩斯》的小报，刊登了一篇名为《伍大姐按摩得腻友》的文章，文章影射了有关三人的绯闻。

在这篇文章中，伍大姐指代陆小曼，余心麻、洪祥甲、汪大鹏分别映射徐志摩、翁瑞午、江小鹣，而天马剧艺会，在文中也变成了“海狗大会”。虽然文章用了化名，但是洪祥甲为伍大姐按摩，汪大鹏主持“海狗大会”，邀请伍大姐等人登台献艺，这一切内容无不指向徐志摩等人，而且文中对伍大姐与洪祥甲的描写极尽色情之能事，语言下流至极。翁瑞午与路小曼的绯闻本来就传得沸沸扬扬，这篇文章刊登出来无异于火上浇油，一时之间成为上海滩最大的谈资。这篇文章不仅侮辱了陆小曼，也玷污了徐志摩，使得诗人颜面扫地。对于翁瑞午给陆小曼推拿按摩，徐志摩并没有其他想法，但是被人在报纸上如此披露，心胸如徐志摩般也难免怒火中烧。

这篇文章刊登后，有关陆小曼和翁瑞午的绯闻迅速传遍浦江两岸，弄得沸沸扬扬。此事还惊动了租界当局，捕房以文章语言有伤风化，控告平襟亚散布猥亵文字，并向临时法院提起公诉。法院在审理之后判处平襟亚等罚金。

虽然法院对平襟亚等做出了判罚，但徐志摩等人认为这样的处罚太轻。于是徐志摩夫妇联合翁瑞午、江小鹣请律师向临时法院提出刑事诉讼，控告《福尔摩斯》小报侵害当事人的名誉权，要求追究主编的刑事责任。《福尔摩斯》不甘示弱，也聘请律师积极应诉。法庭上，双方代理律师各执一词，辩论良久。最后，法官以本案与捕房所诉同一事实，未便再予受理为由，当庭驳回起诉。这种捕风捉影的事，又没有直接写明真人真名，可谓说有就有，说没有就没有，原本就很难追究。徐志摩等人知道事不可为，只好忍气吞声。

这场官司的最大赢家是《福尔摩斯》，本来这家小报社根本就没什么发行量，但是借助这次与徐志摩等名人的官司，一下子变得广为人知，一度洛阳纸贵。而徐志摩不仅输了官司，名誉白白受到损害，而且因为打官司，使更多的人知道了这件事情，绯闻的影响力反而更大了。一气之下，他抛下妻子，于当年6月远赴欧洲。

5. 爱情的结晶《卞昆冈》

徐志摩的独有才华是写文作诗，他在近代文坛上关于诗歌和散文方面的重要成就，令人称道。身为“浪漫诗人”的他还写过一个剧本，可知道的人却寥寥无几。更鲜为人知的是，此剧本是他和夫人陆小曼合作的唯一一部作品，也是徐志摩创作的唯一剧本，名字叫《卞昆冈》。

当年，徐志摩离婚再娶，抱得美人归。可婚后，陆小曼纸醉金迷，唱曲捧角，流连于社交场所，大肆挥霍，致使二人生活费用频频告急。徐志摩想尽招数，想转移陆小曼的生活娱乐方向，欲将陆小曼从醉心玩票、沉湎于各种交际场合的奢华糜烂生活中拽出来。为激发陆小曼的写作兴趣，徐志摩提议，自己和她联袂创作剧本。也许是当时陆小曼心情舒畅，一贯懒散的她竟毫无推脱地答应了徐志摩，这让徐志摩欣喜不已。

虽然在戏曲表演上徐志摩是失败的，但是作为一个爱国的文人，徐志摩在弘扬国粹上确实有着自己特殊的贡献。而且，徐志摩原本对戏剧有特殊的感情，在主持北京《晨报副刊》时，曾创办了《剧刊》，发表了大量介绍西方戏剧的文章。这主要是缘于徐志摩在国外游学多年，对西方戏剧认识比较深刻，而且，他也确实很热爱西方歌剧，他还跟林徽因合演过泰戈尔诗剧《齐特拉》。但这不代表他不热爱国粹，虽然不是自愿，毕竟也以票友的身份登过台。陆小曼对西方戏剧也有一定的认识，还曾译过意大利戏剧《海市蜃楼》。陆小曼是个才女，有着很好的艺术修养。而且陆小曼非常热衷于戏曲，所以就由陆小曼提供故事框架。

很快，陆小曼就设计出了故事的构架：在陕西省大同市武周山山区，有一个维护云冈石窟的石匠叫卞昆冈，他中年丧妻，与自己的母亲和女儿阿明相依为命。卞昆冈很爱自己的妻子，但是为了让女儿能得到母爱，他就又与同村寡妇李七妹结了婚。但是他却对亡妻一直念念不忘，这让李七妹非常嫉妒，还和尤桂生勾搭成奸。这对奸夫淫妇不仅弄瞎了阿明的眼睛，还因为阿明发现他们的奸情而将阿明杀害。两个人怕卞昆冈报复，逃之夭夭。卞昆冈受不了如此沉重的打击，跳崖自杀。

徐志摩对这个故事框架很满意，并立即着手撰写。据说，在撰写这部戏剧的时候，陆小曼很少参加社交活动，而是和徐志摩一块依偎在梳妆台旁，两个人你一言我一语不断演示、推敲、修改，最后由徐志摩执笔撰写。没过多久，徐志摩与陆小曼共同创作的五幕剧《卞昆冈》就在那张梳妆台上诞生了，这是两个人心灵相互碰撞而产生的爱的结晶。徐志摩是一位浪漫主义诗人，他的文字富有音乐美，读来飘逸而空灵，犹如清风拂面。《卞昆冈》在对白方面继承了徐志摩的特色，整部剧也充溢着“爱、美、死”的唯美主义色彩，全剧在诗意的美中笼罩着浓浓的悲剧色彩，在徐志摩一生的创作中是一个另类。

虽然整部剧是由徐志摩写成的，不过陆小曼也对这部《卞昆冈》

做了很大的贡献。徐志摩的语言确实优美，但是他在撰写对白的时候，总是忍不住加入硖石方言，使得整部剧反而显得不够顺畅统一。所以在对白方面，陆小曼做了不小的修改，《卞昆冈》的对白之所以能如此生动逼真，也全赖陆小曼的努力。

当然，徐志摩是一名浪漫主义诗人，在写剧本方面并不擅长。所以剧本难免出现瑕疵。比如，就人物形象来说，剧中的主角卞昆冈只是个石匠，依常理，这样一个身份的人，肚中墨水不会太多。然而，在徐志摩笔下，他却更像是一个具有情感充沛、胸中始终风起云涌、想得多而做得少的知识分子。又比如，剧中的阿明在他的笔下冷静而成熟，给人的感觉根本不像一个只有5岁的孩子，反而像是一个完全可以独立的成年人。无论是卞昆冈还是阿明，在人物性格刻画上，显然是失败的。当然，瑕不掩瑜，些微的瑕疵，不足以否定《卞昆冈》的全部艺术价值。

《卞昆冈》最初发表在了徐志摩创办的《新月》月刊上，后来在朋友的提议下，《卞昆冈》发行了单行本，徐志摩还专门为单行本题写了“跋”。虽然这本单行本是陆小曼与徐志摩合作的，但也确实说得上是陆小曼文艺生涯中真正意义上的第一部书作。当然，在那个动乱的年代，单行本在发行量上确实不尽如人意，但这并不妨碍徐志摩与陆小曼粉丝对此的喜爱。徐志摩与陆小曼的朋友们对这部剧作的推行也是不遗余力，在《卞昆冈》单行本发行不久，徐志摩的好友余上沅就极力主张将《卞昆冈》进行排练，并最终搬上舞台。

为了能让这部五幕剧能尽快搬上舞台，余上沅积极奔走，拜访了当时上海的一些知名演员和戏曲家，恳请他们施以援手，包括王

泊生、顾宝莲、郑正秋等在内的名角纷纷表示支持。当时徐志摩并不在上海，但是对于这件事也是非常关注，不止一次写信询问状况。而且他还写信叮嘱陆小曼，如果这部戏能够演出，一定要到场观看，一方面显得重视，另一方面可以为以后再次排演学习经验。但是最终这部戏并未被排演，至于是什么原因却无人知晓，对如此结果，徐志摩非常遗憾。

在这之后，上海的其他剧社也表示过要对《卞昆冈》进行编排公演，但是由于种种原因，总是在最后时刻被腰斩。其实想要排演好这部剧并不容易，《卞昆冈》的对白结合了南北特色，语言非常灵动又大气，而在当时能够熟练把握这一特色的演员却不多，所以也就没有合适的机会将这部剧搬上舞台。

在上海，徐志摩最终没能促成这部戏剧的演出，这对他来说，确实是个遗憾。虽然在上海，这部戏剧没能被搬上舞台，但是在北方的青岛，这部剧作在它发表不久就被青岛的“光明剧社”搬上了舞台。这既是《卞昆冈》的处子秀，也是“光明剧社”的处子秀。

“光明剧社”是青岛的第一个专业的话剧团，成立于1928年，由杜宇、王玫和王卓等几个爱好文学艺术的青年人发起创办。对于剧团成立后的第一个剧目，几个年轻人非常重视，经过反复讨论，最终定下了由徐志摩与陆小曼共同创作的《卞昆冈》。

在1928年5月的一天，光明剧社在青岛最大的剧场“新舞台”对《卞昆冈》进行了公演。当时的演出是纯公益性和实验性的，不以盈利为目的，戏票免费赠送，观众以青年学生为主。这场演出取得了圆满的成功，在青岛学生中留下了深刻的印象。

《卞昆冈》这部由徐志摩和陆小曼一对曾经引起世人关注的浪

漫情侣联袂创作的话剧作品，在1928年春天由青岛“光明剧社”首次搬上青岛话剧舞台，虽然只演出了一场，但是在青岛城市人文历史上书写了令人瞩目的一页。此后，由于历史的原因，至新中国成立，话剧《卞昆冈》在国内一直未有任何话剧团体排练和正式公演。

从徐志摩竭力想把陆小曼拉到文学创作这条路上可以看出，徐志摩更在乎的是陆小曼的艺术创造力。正所谓“文学灵犀一点通，高山流水遇知音”。陆小曼对于浪漫诗人徐志摩来说，就像徐志摩自己写过的诗：“得之，我幸。”单从这方面来讲，那些诋毁陆小曼的人，只能说是“人有才我无才，志摩有幸我无命”，空空一场羡慕嫉妒恨罢了。

6. 文学大豪泰戈尔来访

在东方与西方两大文化系统中，印度的一代文化伟人、亚洲第一位诺贝尔文学奖获得者泰戈尔，是东方文化系统中最有代表性的人物之一。东方文化的精髓，在这位胸怀博大宽阔而又纯真自然的诗人身上，有着极圆满、集中的体现。

泰戈尔一生访华三次，他的三次访华都与徐志摩和陆小曼有着千丝万缕的联系，而且后两次更是入住在徐志摩和陆小曼的家中。

很早的时候，泰戈尔就有访华的想法，只是因为各种原因而没能成行。在1923年的时候，他的助手在北京遇到了徐志摩，并向徐志摩透漏了泰戈尔想要访华的意愿。得知这一消息，徐志摩非常开心，因为他早就想拜见泰戈尔。因此，他马上请梁启超、蔡元培等人以讲学社的名义向泰翁发出了邀请。虽然当时中国有许多学者和诗人都深受泰氏哲学和诗歌的影响，但徐志摩认为，中国知识界对这位东方文化的代表人物、亚洲第一位诺贝尔文学奖获得者的认识仍然不足，他希望通过这次访问来增进双方的沟通与了解。

1924年4月12日，泰戈尔一行乘坐的“热田丸”号轮船抵达东方大都会上海。当时，上海各界人士数百人早早赶到码头恭候。徐志摩也终于见到了自己仰慕的大诗人，两个人一见如故，结为忘年交。随后，泰戈尔在中国一个多月的行程里，徐志摩全程陪护，没有丝毫懈怠。

泰戈尔在上海浏览数日，在商务印书馆图书馆大厅参加了上海文学研究会、江苏教育会等20多个团体联合举办的欢迎会，并发表演讲。泰戈尔并未在上海久待，不久就北上了。

4月23日，泰戈尔一行抵达北京。北京文化界的名流们做了充分的准备，包括梁启超、蔡元培、胡适等纷纷聚集在车站迎接老诗人。在上海的时候，徐志摩一直陪在老人的身边，来到北京之后，“新月”才女林徽因也被安排陪伴在老诗人身旁。徐志摩与林徽因一个是青年才俊，一个是才女佳人，这对出色的青年伴着一位白发苍苍的哲人，长者衣袂飘飘，一对金童玉女宛若璧人，营造出一种浪漫的诗的氛围。

林徽因风华绝代、才思敏捷，徐志摩清秀俊朗、才华横溢，两个人伴在老诗人左右，有如松竹梅的一幅岁寒三友图。泰戈尔访华的高潮发生在5月8日，这天是老诗人的生日，北京文化界为了表示对老诗人的欢迎，特意为他举办了祝寿会。在祝寿会上，中国文化界将“竺震旦”这个中国名字赠与泰戈尔；作为回报，泰戈尔也为徐志摩起了一个印度名字——索思玛。为了表达对老诗人的敬意，新月社还专门为老诗人排演了他的英文名剧《齐德拉》，徐志摩、林徽因分别饰演男女主角。

也正是由于这次演出，陆小曼与徐志摩擦肩而过。只不过陆小曼不是演员，而是职员，她站在礼堂门口，专司发售演出说明书。俏丽的陆小曼即便只是站在礼堂门口发售说明书，也吸引了不少目光。瘦弱的身体，苗条的身姿，姣好的面容，清秀的气质，陆小曼就这样站在礼堂的门口出售说明书，发出一张说明书，收回一元银洋，一发一收之间尽显优雅气质。只不过此时的徐志摩，眼中只有林徽因。

在这次演出之后，泰戈尔还代徐志摩向林徽因求情，只是当时林徽因已经心有所属，老人家也只得作罢。直到1924年5月底，泰戈尔取道日本回国，在这个过程中，徐志摩和林徽因一直陪伴着泰戈尔。

泰戈尔离开中国后，徐志摩就时时刻刻想着去圣地尼克坦拜会泰翁。1928年10月，在泰戈尔的助手恩厚之的帮助下，徐志摩在从欧洲归国途中绕道印度，访问了圣地尼克坦，得偿所愿地拜访了这位老大哥。

1929年3月，借去美国和日本讲学之际，泰戈尔再一次来到中国。在来中国之前，泰戈尔就说这次是私人拜访，不想惊动太多的人，提出入住徐志摩与陆小曼的家。接到这个消息之后，陆小曼很是惶恐，因为她知道徐志摩和老诗人的关系非常好，就像是父子一般。而且徐志摩也多次向陆小曼介绍过自己与老诗人的交情。

其实，在徐志摩与陆小曼相恋的时候，徐志摩就已经将陆小曼的照片拿给泰戈尔看了，老人家将陆小曼的脾气、为人说得清清楚楚，就好像早就认识这个人一样，这一点让徐志摩佩服得五体投地。听了徐志摩的描述，陆小曼也很是惊讶，觉得老诗人是个文学家还会看相，应该是一个奇人，或许还会一些幻术吧。

这次总算要见到老诗人了，而且还是要和他们住在一起，徐志摩和陆小曼很是为难，一时不知如何是好。两个人看着这栋小楼，总觉的家里太小，没有富丽堂皇的家具，东看细看总是不如意，楼上楼下怎么也找不到一间适合给老诗人住的房间。最后，两个人决定将三楼布置成一个印度式房间，里边一切都模仿印度的风格，他们费了许多心血。

在泰戈尔到来的这天，陆小曼告诉老诗人，自己家小得不能见人，劝说老人去住酒店，可老诗人却说越小他越喜欢。在看到徐志摩和陆小曼的住所之后，泰戈尔表示非常满意，这一下就打消了陆小曼的担忧，使她彻底放松了下来。但是老诗人对徐志摩和陆小曼精心布置的印度小屋并不喜欢，反而看上了徐志摩和陆小曼的房间，尤其喜欢他们那顶带有红帐子的大床，说是具有异乡的风味。无奈，徐志摩和陆小曼只好将这张大床让给了老诗人。

泰戈尔在徐志摩夫妇家住了三天，在这三天里，他对待徐志摩夫妇像对自己的孩子一般，在向别人介绍的时候，总是说：“这是我的儿子和儿媳妇。”而且与徐志摩夫妇闲聊的时候，总亲切地称呼陆小曼为小孩子。这一切让陆小曼感到格外的亲切和温暖，也许是得到了本应在徐志摩父亲那里得到却没得到的亲情吧。

在他们相聚的三天，三个人只是谈诗作画，很是惬意。在这三天里，陆小曼听到了很多难得听到的东西，而且泰戈尔和他们总是用英语会谈，所以陆小曼的英语水平也在这三天中取得了不小的进步。

虽然老诗人只在徐志摩家待了三天，可是三个人的感情却更加亲热了。三天之后，泰戈尔离开中国，离别之时，诗人欣然动笔为徐志摩夫妇留下远看像山、近看像老者的自画像，并附诗一首：“山峰盼望他能变成一只小鸟，放下他那沉默的重担。”

随后老人前往美国，可在入境的时候受到不公正的待遇，老人一怒之下愤而离去。再次来到上海徐志摩家的小楼里，在见到徐志摩和陆小曼之后，老人家像孩子一样笑了。缠绕老人多日的愁怨在这对年轻夫妇面前烟消云散。这次老诗人也只是做了短暂的停留就回国了。回国前，泰戈尔拿出一件自己穿的紫红色丝织印度长袍送给徐志摩作为留念。

泰戈尔走前，也送给陆小曼三件工艺品：一只用头发与金丝绞成的手镯、一张精美包书纸和一块印度风格的头巾。包书纸非常漂亮，咖啡色，方格图案，大小如床单。可惜的是，佣人后来以为是绒布床单，放在水中浸洗给洗破了，一件有意义的纪念品就这么被毁坏了。而另两件礼物，陆小曼一直珍藏起来，至今仍留存在世上。

泰戈尔回国后，徐志摩一直与他保持书信来往。两年后，徐志摩曾辗转欧洲，到达印度，为泰翁庆祝70大寿，并约定80岁再来为他庆祝。然而世事无常，不久，徐志摩就去了天堂。

第七章　细说陆小曼：被误读的绝世红颜

关于爱情与背叛，关于生活与生存，关于优雅与庸俗，关于张扬与隐忍，这是那个叫陆小曼的女人用一生演绎着的全部。而对一个女人来说，能承载多少寂寞，就有多少故事。她用自己的历程，诠释着女人宿命中的所有可能。她不是烟花，却比烟花寂寞三分；她不是玫瑰，却比玫瑰美艳动人。她是一汪碧海，澄净透明却又深广难测；她是上个世纪流动的诗篇；她是历经劫难后不衰的红颜。

1. 陆小曼之于徐志摩，福孽随缘

烟花易冷，韶华易逝，陆小曼的美貌被胡适赞为“北京城一道不可不看的风景”；她的才华被傅抱石评为“堪称东方才女”；她一生的恋情惊世骇俗，被众人笑骂，也被众人钦佩。提起民国才女陆小曼的一生，他和徐志摩的爱情可谓是最炫彩的华章。徐志摩说，“案上插了一枝花便不寂寞。最宜人是月移花影上纱窗”，陆小曼就是那枝花。

关于陆小曼和徐志摩的爱情，我们不得不提陆小曼的第一次婚姻。陆小曼的第一任丈夫是王赓，是陆小曼的母亲吴曼华精挑细选的女婿。王赓论长相据说英俊挺拔，不仅清华毕业，更在美国普林斯顿大学读过文学，在西点军校学过军事，是当时海外归来的高材生，回国后的发展可谓前途不可限量，一时间成为京城社交圈颇为扎眼的青年才俊。而当年的陆小曼对于爱情还是懵懵懂懂，对于王赓说不上喜欢也不讨厌，在母亲的安排下，就接受了这一桩外人看来令人艳羡的美满婚姻。1922年10月10日，在北京金鱼胡同的海军联欢社，在陆小曼父母的安排下，陆小曼和王赓举行了盛大的婚礼。

陆小曼和王赓的婚姻用现在很流行的一个词来形容就是“闪婚”，他们从相识到结婚前后不足一个月。婚后的陆小曼并不快乐，陆小曼说：“婚后一年多才稍懂人事，明白两性的结合不是可以随便听凭别人安排的，在性情和思想上不能相谋而勉强结合是人世间最痛苦的一件事。”王赓对陆小曼的爱是中国式传统的爱，深沉而又封闭，严谨而又传统，不懂浪漫，没有情调，他并是没有爱，而是不懂得如何去爱。加之王赓工作繁忙很少在家，这逐渐让陆小曼体会到婚姻生活的枯燥无味。王赓对婚姻是很传统的，他认为妻子就该是在家管管家务，丈夫就该在外挣钱养家。然而，陆小曼生于富裕家庭，自小娇宠，性情恣意，热情奔放，一切随心。

陆小曼的性情是追寻着自己心的方向在往前走，洒脱奔放，适合恋爱般的生活，而王赓传统、严谨。他要的是婚姻，是细水流年般地过日子，是明月松间照一般的安静稳定；陆小曼要的是恋爱，是烟花漫天般的璀璨，是清泉石上流一般的真实随意。

陆小曼与徐志摩的相识据说是源于1924年春末北京的一场盛会，老诗人泰戈尔来华期间恰逢生日，北京学界各类名流纷纷到场为诗人祝寿。当时接受新文学思潮的一代年轻人热血沸腾，他们欢欣鼓舞，兴高采烈地从各地涌来，这群热情洋溢的文学新人为老诗人准备的生日贺礼是在寿宴上演出一剧《齐德拉》。剧中林徽因扮演公主齐德拉，徐志摩扮爱神玛达那，林、徐成为全场绝对的焦点。《齐德拉》演出过后，林、徐的故事被四处传播，他们之间的“绯闻”几乎也热到了极点。

众所周知，徐志摩在留学期间就追求过林徽因，这显然是个复杂的三角故事，然而林徽因与梁思成早有婚约，在双方家长的安排下，林徽因理性地退让并跟徐志摩保持距离，随后嫁给了梁思成。这对于徐志摩无疑是一个重大的打击，但是上帝在关掉一扇门的时候总会为你打开一扇窗，当徐志摩跌倒后起身，发现眼前还有一个光彩照人的陆小曼，一样的新潮，一样的光彩照人，一样的恣意洒脱。

也正是由于这次盛会，使得林徽因、陆小曼、徐志摩等许多人的命运发生了转折。也就是那次的演出，爱神的青睐既伤害了一些人也成全了一些人。伤心伴着惊喜，纠结伴着期盼。徐志摩说："爱，你永远是我头顶上的一颗明星。"陆小曼说："自从见着你，我才像乌云里见了晴天。"心是孤独的猎手，陆小曼遇到了徐志摩，自此相识后，曼摩之恋便拉开了序幕。

相恋后的陆小曼和徐志摩并不能真正在一起，家人是反对他们的爱情的，陆小曼的父母反对，徐志摩的父母亦是反对。王赓对于陆小曼与徐志摩的恋情虽然后知后觉，但是王赓也是爱陆小曼的，只是他的爱深沉而不显露，迫于当时舆论与世人的指点与嘲笑，王赓同样不肯轻易放手。陆小曼与徐志摩的坚持，他们的勇敢，他们的洒脱，他们勇于向世俗挑战的精神，他们敢于追求自己爱情的勇气，感动了很多人，也得到了很多人的支持。王赓最后在得知陆小曼跟自己在一起不快乐后同意了离婚。

陆小曼与徐志摩的恋爱虽遭到世人的指责与谩骂，但徐志摩和陆小曼都是战士，他们为自己的心勇敢地去与世俗的偏见作斗争。徐志摩曾写"我来扬子江边买一把莲蓬，手剥一层层的莲衣，看江鸥在眼前飞，忍含着一眼悲泪，——我想着你，我想着你，啊小龙！"这样的诗句来表达这种反抗的精神。

陆小曼与徐志摩由于机缘巧合从认识到相知、相爱，可谓缘由天定，爱由心生，但是他们的结合也被世人指责为一段孽缘。因为徐志摩很爱孩子，但是陆小曼为了顺利离婚选择了流产手术，可那次失败的堕胎手术带来的痛苦莫过于流产过后陆小曼无法再生，各种病痛也是阴魂不散般地缠绕了陆小曼一生。他知道徐志摩爱孩子，她选择独自默守这个秘密，不与人说。徐志摩虽然与张幼仪有过子女，但他更想与陆小曼造出爱之结晶。徐志摩曾在信中说："叔华长胖了好些，说是个有孩子的母亲，可以相信了。孩子更胖，也好玩，不怕我，我抱她半天。我近来也颇爱孩子。有伶俐相的，我真爱。我们自家不知到哪天有那福气，做爸妈抱孩子的福气。"陆小曼看了，有苦说不出，只得将苦楚留在心里慢慢咀嚼，全是造孽！

陆小曼和徐志摩历经重重磨难终于走到了一起，他们的婚礼上来了很多人，他们的好朋友和文学新思潮的众多文人都很佩服他们，但是徐志摩的父母只托人送来一封信并没有出席儿子的婚礼。婚礼现场有人看热闹，暗骂他们触碰世俗规则，有人暗赞他们勇于追求自己的幸福，敢于向世俗挑战。

徐志摩用一颗真心，换陆小曼的一片真意。因为徐志摩的父母反对他们在外独住，徐家二老切断了他们的经济来源，一切开销就要靠徐志摩教书来维持。1931年2月，天气还未回暖，徐志摩就启程去北平教书，而陆小曼还留在上海。由于生活方式不同以及来自家庭、社会各方面的种种压力，徐志摩和陆小曼在走进婚姻围城之后显得步履维艰。陆小曼自小生活富足，婚后依旧吸大烟、出入舞会等社交场所，高额的开销无疑给徐志摩带来了很大的压力，徐志摩为了维持生计不得不在多所大学同时代课。整整半年，徐志摩都一直给陆小曼写信，希望她能抛下上海奢靡的生活来北平重新开始。

陆小曼犹如红尘中的一朵琼花，她与繁华尘世有太多的纠缠不清，徐志摩的朋友们不喜欢陆小曼，徐志摩又不喜欢陆小曼的朋友，陆小曼喜欢上海的自由，迟迟没有去北平。两人一个在南一个在北，距离冲淡了最初的爱情，流言蜚语动摇了曾经的坚定。

陆小曼与徐志摩的恋爱，走到尾声，尽是争吵。就连徐志摩生前与陆小曼的最后一次见面依然还在吵，陆小曼的烟枪碰破了徐志摩的眼镜，徐志摩生气出走后陆小曼又后悔。1931年11月19日上午徐志摩返回北平的飞机降落徐州加水，徐志摩头痛欲裂，他在徐州给陆小曼发信后依然坚持要继续北上，他要去参加林徽因的演讲会。意外或许就是这样冥冥中天注定，飞机在济南党家庄附近因为大雾迷途而撞山坠毁。机上连驾驶员总共三人，全部遇难。徐志摩正好三十六岁，恰逢本命年。

人去魂飞，万水千山，任凭陆小曼如何哭他唤他都不应，陆小曼得知消息时昏厥了过去。命运给了陆小曼和徐志摩重重一击，也正是徐志摩的死，给了陆小曼一记晴天霹雳。世人骂她红颜祸水，世人说她克夫，陆小曼独自承受着失去爱人的痛苦，独自忍受着世人的诟骂。

伤心过后，陆小曼立志重新开始自己的人生，徐志摩的故事结束了，她的故事还要继续。徐志摩犹如一颗流星划破陆小曼漆黑的夜，沉寂归于黯然。陆小曼不声不响，着素衣，合素手，秉素心，点一盏灯，为徐志摩守灵。陆小曼将曾经的多彩生活埋于心底，默默纪念与徐志摩的曾经，用黑白的简单生活来完结两人绚烂的一生，用朴素的生活延续徐志摩未曾完结的心愿。

徐志摩和陆小曼的恋爱在现在看来一切正常，但是放到那个激荡的时代中可谓是一次伟大的创举。妇女解放、恋爱自由这些现代思想在当时都被陆小曼和徐志摩追寻并践行。陆小曼和徐志摩的恋情追寻着心的方向，一切随缘，福也好，孽也罢，他们不曾担心什么，也不曾害怕过什么，一切尽归自然，福孽尽随缘。

2. 婉拒好莱坞盛请，只为君旁伴

陆小曼在那个动荡的年代里，用现代话来说是众多人心目中的女神，读书时是校园皇后，美貌与才华集于陆小曼一身，使她光彩照人，熠熠生辉。陆小曼是那个年代里具备先进思想的新时代女性，是个性张扬的时代先锋，也是中国名媛中的名媛。

陆小曼无论走到哪里都是呼风唤雨的焦点，她也是那个时代的偶像。陆小曼与徐志摩的恋情让她成为众人口中的谈资，她闹离婚，不但没有让她名气跌坠，反倒以一种类似“炒作”的方式让她的大名迅速传播，使得她几乎成为了家喻户晓的明星人物。陆小曼太独特，犹如一枝带刺的玫瑰，在流言蜚语中盎然盛开；陆小曼太勇敢，犹如穿着满身铠甲的战士，在世俗荒谬的波涛中纵身越过。她的独特，她的无畏，她的洒脱，她的率真，让她在那个追寻自由的年代里成了一代偶像。不仅当时接受新思潮的年轻一代认识陆小曼，由于陆小曼在外交部工作，经常接见各国来访宾客，她也成为了外国人的偶像。

陆小曼离婚回北京后好莱坞的电影公司来找过她，想邀请她去美国拍电影，还汇来了近五千美元的巨款。在那个年代，五千美元可谓是一笔让人心惊又心慕的巨款。然而，陆小曼生于富裕家庭，见惯富贵，并不为金钱所动，加之她自由率真的天性，从小对金钱感到无味，对真情却觉得难得可贵。陆小曼并没有被利益或者名誉所冲昏头脑，她理智地分析，父母年迈需要照顾，自己出国根本不现实；恰在彼时陆小曼与徐志摩的感情峰回路转、柳暗花明，她的爱情是任何事不能比拟的，也不是金钱所能衡量的；再加之当时动荡的环境，内忧外患的国情，又让她不愿为外国人拍片，她怀着朴素的民族感情拒绝了这次去好莱坞拍电影的机会。

陆小曼婉拒好莱坞盛情的原因中最主要的一项莫过于自己与徐志摩的恋情，难得有机会两人走到一起，怎可轻易地松手，陆小曼愿意一生不为名利陪伴在徐志摩身边。陆小曼和徐志摩结婚后徐志摩曾写诗道："身边从此有了一个人——究竟是一件大事情，一个大分别；向车外望望，一群带笑容往上仰的可爱的朋友们的脸盘，回身看看，挨着你坐着的是你一辈子的成绩，归宿。这该你得意，也该你出眼泪，——前途是自由吧？为什么不？"由此，道出了徐志摩心中浓郁张扬的爱恋，也道出了他们对未来生活的期盼。

陆小曼与徐志摩在经过万千努力终于走到一起后，陆小曼非常珍惜在一起的日子，但是婚后的生活并不顺利。徐志摩的父母不喜欢陆小曼，认为陆小曼常年活跃在社交场所是不洁之人，而且陆小曼的个性在徐志摩父母的眼里没规矩没体统，太没女孩子的样子。陆小曼和公婆之间有着隔阂，陆小曼也经常躲着徐志摩的父母，因为见面后陆小曼不知道该说什么，总会觉得压抑、尴尬。但是陆小曼只是自己默默忍着，不与公婆产生冲突，因为她深爱着徐志摩，为了徐志摩她可以忍受这些不开心的事情。即便如此，陆小曼还是陪着徐志摩在父母身边生活了很久，后来陆小曼可能真的累了，压抑太久的个性得不到释放，终于提出和徐志摩一起搬去上海居住。

徐志摩的父亲徐申如是一个实业家，早年继承祖业，独资经营徐裕丰酱园，开设裕通钱庄，后又开设人和绸布号。徐志摩家里世代经商，经济富足，但是由于对徐志摩和陆小曼婚姻的不满，徐申如在他们搬到上海后切断了他们的一切经济来源，全靠徐志摩自己教书养家。徐志摩同时在三所学校里教书，艰难地维持着家中的开销。来到上海以后，陆小曼犹如飞出牢笼的小鸟，欢呼雀跃，如鱼得水，尽情地活跃在社交场所。由于生活方式不同以及来自家庭、社会各方面的种种压力，都让徐志摩和陆小曼在走进婚姻围城之后显得步履维艰。徐志摩常在书信中让陆小曼少去参加舞会等社交活动："你这无谓的应酬真叫人不耐烦，我想想真有气，成天遭强盗抢，老实说，我每晚睡不着也就为此。眉，你真的得小心些，要知道'防微杜渐'在相当的时候是不可少的。"婚后几年的生活，徐志摩认为是失败的，但是因为爱所以他们会宽容对方，他娇宠着她。

婚姻中的摩擦与压力使得陆小曼和徐志摩也都逐渐失去耐心，出现争吵，五年的婚姻，铸成生命里再也无法抹平的伤痛。如不曾深深爱上，又怎知是爱对还是爱错。如不曾真正拥有，又怎知心痛是因相聚还是相离。每个人心中都有自己的苦楚与无奈，各自将其撕裂成碎片，扔在时光中任其飘摇。婚姻与热恋总是截然不同，爱情只需两心相许、两情相倾，而一旦步入婚姻，便需要两人共同来承担一份责任，共同亲历流年的平淡。徐志摩为了生计忙于奔波，陆小曼沉沦在奢靡的生活中挥霍。爱就是一场相互的妥协，必有一方退让一步，另一方走近一步，双方的努力失去哪一方都不完整。在陆小曼与公婆关系极度紧张的情况下，困顿的生活让原本热烈而甜蜜的爱情逐渐冷却，他们二人渐行渐远。

即便是陆小曼和徐志摩经常争吵也无法减弱他们彼此的爱恋，他们的爱不隐藏、不遮掩，真实自然地流露出来。有时，徐志摩静心读书时陆小曼会在一旁照顾、陪同，红袖添香。可转眼间陆小曼和徐志摩又开始吵架。他们经常是吵完架接着又会后悔，然后互诉爱意，互相被对方的情意感动，然后复合，转眼因为不经意间的事情又会吵架……他们总会在这种循环下继续着浓烈的爱情。在外人眼里他们是不和睦的，世人指责他们感情不和是报应，然而他们对世人的流言蜚语不闻不问，依旧勇敢地爱着。

人生如戏，戏如人生。陆小曼的一生犹如一场精彩的戏剧，她虽不是戏子，却在那个动荡时代的社会大舞台上舞动了一辈子，个性张扬，风姿尽现。年轻时的陆小曼犹如一颗耀眼的明星熠熠生辉，是众人眼里神一般的人物，受尽赞誉与追捧，然而又因为与徐志摩的恋情被世人指责、诟骂。陆小曼离婚时前夫王赓仕途遇阻，后又踉跄入狱。陆小曼和徐志摩结婚后徐志摩忙于生计，长期奔波，创作的诗歌也是逐渐减少，后来徐志摩乘机遇难。陆小曼被那个年代的人们指责为“克夫”，骂她是红颜祸水。然而，即便是红颜祸水她也是最令人怜惜的“祸水”，而且陆小曼有着无人能够抗拒的风情。陆小曼害了徐志摩，徐志摩也害了陆小曼，这是爱情，却也是宿命。她是那个动荡年代最具争议的红颜，却是世代众人不可否认的东方传奇。

即便是各种不顺，各种吵架，依旧没有影响陆小曼和徐志摩的感情。陆小曼犹如一抹艳丽的绯红，也犹如一朵盛开的洁白琼花，也曾被罩上耀眼的光环，也曾被埋没于飞扬的尘埃里。但是无论怎样的陆小曼，徐志摩都爱得深切，爱得浓郁。徐志摩为了不让陆小曼生活质量受影响，为了让陆小曼永远开心快乐地生活，为了生计愿意去多所学校教书，愿意乘坐免费的飞机往返于北京上海之间。即便是徐志摩对陆小曼频频参加各种社交活动很不满，但是他还是满眼爱意地嗔怪着、娇宠着她。陆小曼也是张扬地爱着，即便陆小曼常与徐志摩因为参加社交活动而产生摩擦、甚至吵架，但是她知道，他们是率真单纯的人，什么事都会说出来。陆小曼也是爱得真切，爱得张扬，爱得光彩照人。

陆小曼和徐志摩婚后生活只有短短的五年，但是这五年时间却是他们真诚相爱、心灵相拥的见证。陆小曼为了能和徐志摩在一起，愿意放弃自己的名利与王赓离婚，为了能和徐志摩在一起，愿意放弃自己的前途拒绝好莱坞拍电影的盛情邀请。放弃了名利，放弃了前途，陆小曼和徐志摩的爱情也逐渐被当时许多人所理解。

历史的车轮慢慢碾过，每一个故事都在慢慢沉淀，每一个时光里的兴衰故事也总是从芸芸众生的视角来忠诚地被记录，是褒是贬只能留予后人评说。

3. 误读的红颜，她是空谷幽兰

不记得在哪里看到过一句话说，“陆小曼该生成何等模样才能颠倒众生，该如何离经叛道才不为社会所容”。一直觉得陆小曼这样一个神奇般的女子，犹如一朵凄风冷雨中摇曳的玫瑰，说不出的美丽，道不出的心痛。

众所周知，陆小曼是那个动荡年代最具争议的红颜，却是世代众人不可否认的东方传奇。现在我们没必要去为她翻案，因为没这个必要。在当时那个动荡不安的年代陆小曼都不为那些恶言毒语所动容，死后自然也不会在乎这些后人的评论。然而，我们需要的是向世人展示一个真实的陆小曼，让她的故事、她的性情真实地展现在世人眼前，让她那姣好的面容、美好的品性、率真的性情，坦荡荡的浩气不被世人所误读。

世人把别人的事添油加醋甚至随心所欲地进行杜撰，原本也是人之常情，只是会无端的对他人的名誉甚至生活造成亵渎与歪曲，乃至影响后人对其的评判。因此，还原一个真实的陆小曼显得相当重要。

陆小曼生于富裕家庭，自小接受全面的教育，犹如一个集万千宠爱于一身的安琪儿，不仅相貌出众，才学也得到了众多名流大家的认可。她的才学品貌早在结婚前就已经获得了当时诸多名流大家们的赞美与认可。梁实秋曾描写她“面目也越发清秀端庄，朱唇皓齿。婀娜聘婷，在北平的大家闺秀里，是数一数二的名姝”。陆小曼从小的生活娇宠富足，她不需要向任何人低头，也不需要借助任何人的力量、任何人的声誉去抬高自己。有人说陆小曼是凭借徐志摩的声誉走红，然而陆小曼在徐志摩未曾出现之时就已经是风靡一时的才女，她从来不需徐志摩的声誉去抬高自己，反而是陆小曼和徐志摩结婚后她放下名利与前途陪伴徐志摩，不在乎自己的才学，不在乎自己的声誉，只为内心的爱而活着。

当年懵懂的陆小曼在家人的安排下与王赓结婚，可是婚后的陆小曼并不快乐，她喜欢去舞会，喜欢去社交场所，即使丈夫不愿意她去但陆小曼依然我行我素。当后来陆小曼与徐志摩从相识到相爱，她也不在乎世人的指责与诟骂，不怕冲撞世俗规则所带来的痛苦与流言蜚语，而是依旧追寻内心的想法，依旧勇敢地走出了离婚一步。她不仅要离婚，还要和徐志摩结婚，拥有自己的家庭，拥有自己完整的爱情。即便是陆小曼与徐志摩的婚礼上有人暗赞有人暗骂，陆小曼也不在乎。徐志摩的父母因为不喜欢陆小曼而缺席他们的婚礼，徐志摩的老师梁启超在婚礼上对陆小曼大加批判可谓是当头棒喝，陆小曼都没有退缩。陆小曼要的不是贞洁、不是名誉，也不是别人眼里的夸赞，她要的就是徐志摩，就是与徐志摩的爱情，就是与徐志摩相伴一生的简单愿望。

陆小曼自小就多才多艺，才学出众，尤其是在社交能力方面更是出众。她在读书时是风靡校园的社交皇后，十七岁没毕业就被推荐进入外交部工作。陆小曼进入外交部后更是如鱼得水，游刃有余，负责接待外国来访的宾客，她不仅态若悠然、大方得体，而且不卑不亢，在接待宾客的过程中时刻维护国家的名誉尊严。

陆小曼是一个极惹争议的女子，并不是一般意义上传统的美女才女，在那个动荡的年代，她是那个时代新女性的典范，勇于追求自由、敢于追求爱情，是那个时代精神的真实反映与最佳展现。她太炫目，在整座北京城聚集了无数名流权贵，她的一言一行都可以引来无数的关注，她的一举一动都被视为流行与时尚的代言。

陆小曼多才多艺，在那个新文化运动如火如荼的时代显得独特而充满魅力。她琴棋书画无所不精，行文吟诗无所不能，曼妙的法语，流利的英语，典雅大方的举止言谈，是众人眼中的才女。她的学问才情犹如轻盈灵动的春水畅快地流淌在青山翠谷中，亦如清凌而飘逸的飞鸿优美地划过天际。陆小曼在北京社交界声名鹊起，不是靠家庭背景的支撑，而几乎全部来自她个人的魅力与才情。

陆小曼的美貌与生俱来，我们后人通过黑白照片或者文献资料来看或许并不觉得陆小曼有多美，但是据说陆小曼极其不上相，照片中极难反映出陆小曼的曼妙可人之处以及她本人真实的美。

陆小曼犹如一支盛开在清幽空谷中的兰花，清新不失芬芳，独特不失雅致。被误读的红颜随着时间的推移越来越亮丽，空谷的幽兰随着世人的品读越来越清香。她的才情品性，她的美貌与才学，她的爱情与婚姻，她的宽容与通达，一切的一切，展现给我们的是一个真实的陆小曼。

4. 性情中人，恣意亦真诚

陆小曼一生坎坷曲折，备受争议与诋毁，但她的一生又可谓是真性情，真诚恣意地为自己活着，真实地活着，洒脱地活着。

陆小曼生于富裕家庭，属于名门之后，父母是中年得女，对她疼爱有加。陆小曼是家里的独苗，想要什么就有什么，在她早年的生活里是没有遭到过拒绝的，无论是钱财还是性情，她都肆意挥洒，也许儿时的家庭环境造就了她一生的洒脱惬意。

陆小曼从小就是个爱玩的人，天性调皮不安稳。儿时的陆小曼在外面跟小姐妹们玩游戏，她是孩子王，独领风骚；在家中，她和佣人们玩，她是小公主，花样百出。她从来都不是那种安分的小孩，这似乎也注定了她的一生也是会不安分地去寻找一些新鲜的、刺激的事情。犹如小时候玩的游戏，陆小曼本着她的心，本着她的情，游戏人间。陆小曼是叛逆的，叛逆得很真实，真正的遵从自己的内心，而非别人的意愿，活得自在，活得洒脱。

成年后的陆小曼恣意洒脱，我行我素，用现在流行的说法就是很能“作”。她常去舞会等社交场所，玩起来疯一般不管不顾，昼夜颠倒，恣意妄为地挥霍着青春。在那些被世俗枷锁禁锢的人看来陆小曼是顽劣成性，但对于陆小曼本身而言，或许那只是简单地生活，真实地体验生活，也就是让生命自然地来去任何地方，不迎不拒。

婚后徐志摩在北平教书，陆小曼在上海继续流连于纸醉金迷的社交生活。那时候的陆小曼犹如已经玩疯了一般，收不住心性，没有了节制。在北平教书的徐志摩因为要承担陆小曼高昂的生活费已经心力交瘁，他经常写信给陆小曼让她北上，但她执意不去。他们就这样一南一北地思念着对方，靠书信来传达爱意与思念，想见难见、想念难念，人言思君令人老，思君亦令她憔悴。陆小曼说是不愿意去北平见到徐志摩的那些朋友，因为他们很多人不喜欢她，自己待在上海更觉得自由自在。所以陆小曼直到终老都未曾离开过上海。最后一次徐志摩来上海和陆小曼相聚，徐志摩又劝其北上，他们吵架发火，徐志摩生气离开，陆小曼懊悔不已。

其实，人生本无对错，只不过是世间的老旧规矩、烦琐道理等世俗的枷锁束缚住了奔腾的生命。其实每个人都是一个奔腾洒脱的生命，只是极少一部分人会保留自己的天性与率真。陆小曼婚后独自居住在上海时可谓是玩疯到极致，她经常晚上去舞场玩到很晚第二天睡到很晚才起，总是从中午开始新的一天。她还吸大烟，经常和烟友一起肆意地抽烟，用迷醉的眼光看着空中飘绕的烟雾。徐志摩也拿她没办法，只能窝在她背后打盹儿。陆小曼平时除了去吃大餐几乎不正经吃饭，一般就是吃零食，嘴里从来不停。陆小曼的坦荡率真令很多人钦佩，但她的恣意洒脱同样被许多人不解。她犹如一株昙花，其美丽无需每个人都懂，只要她的美真的肆意亮丽地绽放就够了。

陆小曼结过两次婚，有人戏说她有两个半丈夫。她相识于王赓，相恋于徐志摩，相知于翁瑞午。陆小曼在最美的年华里遇到了徐志摩，在最美的年华里邂逅了爱情，她的一生犹如一条抛物线，在那高高的顶端等着她、恋着她的是徐志摩和徐志摩给她的爱情。徐志摩去世时陆小曼才二十九岁，她洗尽铅华，半生素衣，始终没有改嫁。当时陆小曼年轻，王赓想和她复合，陆小曼拒绝了；宋子安也向她抛出了橄榄枝，陆小曼依旧拒绝了。长相思兮长相忆，短相思兮无穷极。陆小曼的心里一直痴情于徐志摩，默默地念着徐志摩，她坚持为徐志摩遗像供鲜花，帮徐志摩跑遗作的出版，历经几十年波折，弹指一瞬。陆小曼临终的愿望是与徐志摩合葬，可惜一直没能如愿。

陆小曼和徐志摩婚后的五年生活应该是她感情流露最真切的时候，她喜欢就说喜欢，心情好就好开心，心情不好就生气，甚至发火，更甚至与徐志摩吵架。婚后陆小曼和徐志摩之间的交流更加直白，心里想什么就直接说什么，毫无遮拦，也因此导致他们婚后生活经常产生摩擦，争吵不断，但这根本没有影响到陆小曼和徐志摩之间的感情。

苏雪林在《徐志摩的散文》中提到，在1989年给赵清阁的信中回忆起自己第一次见到陆小曼的情景。在徐志摩坠机身亡之后，苏雪林等人去看望陆小曼，当时陆小曼正沉浸在失去徐志摩的哀恸之中，病痛与伤心以及悔恨叠加，几近被折磨得没有了人形。“我记得她的脸色，白中泛青，头发也是蓬乱的，一口牙齿，脱落精光，也不另镶一副，牙龈也是黑黑的，可见毒瘾很深。不过病容虽这样憔悴，旧时丰韵，依稀尚在，款接我们，也颇温和有礼。”

由于世俗的规则，谩骂与争议从未远离过她，但陆小曼至繁至简有着大格局。陆小曼是时代的代言人，是世俗的斗士，是个性的先锋。相信这样的陆小曼永远不会被岁月的车轮压垮成泥，她总会有暗香盈动，在不经意间沁人心肺，而难以忘怀。

5. 才华被婚恋故事淹没

提起陆小曼，相信大部分人会想到陆小曼和徐志摩的爱情故事。陆小曼和徐志摩之间的感情虽感天动地，但是这毕竟只是陆小曼人生中的一部分，如果只用这些来简单总结概括陆小曼的一生，难免给人一种“了不殊于既往，又无益于将来”之感。除了陆小曼与徐志摩的爱情之外，陆小曼值得被称颂的地方还有很多很多。

陆小曼是一位旷世才女，自小就能歌善舞，而且跟随母亲习古文、描丹青。陆小曼上学后接受外语教育，精通英文、法文，能写作，会绘画，写得一手蝇头小楷。更难得的是，陆小曼的这些才艺技能早在她幼年时就已经练成。郁达夫曾经夸奖陆小曼是一位震动20世纪20年代中国文艺界的“普罗米修斯”。其实，郁达夫的话不虚也不假，陆小曼稍微随便写写、努力画画就能自成一派，而且她也是许多人的灵感之源泉。

陆小曼的前半生因常出没于社交场所而无法静心创作，徐志摩死后，陆小曼犹如变了一个人，潜心编著文集，重拾画笔，拜师学艺。陆小曼的作品犹如她的人一样，风格独特，她的日记浓艳，她的散文亲切，她的小说有一双冷眼，她与徐志摩合作的戏剧《卞昆冈》中流利的台词、端正的结构，直让人觉得她若不提笔努力真是可惜了。

在众多的才艺当中，其实陆小曼更擅长画画，早期秀润，晚景苍茫，别具一格。提起陆小曼的绘画才能，主要得益于她的母亲吴曼华，据记载，“吴氏出身官宦人家，多才多艺，尤工书画。”根据其他资料显示，她擅长工笔花卉。在陆小曼很小时就被母亲带进书房开始习古文、描丹青，陆小曼因为学画画而没有了和小伙伴玩耍的时间，她并没有丝毫的不愿，因为她觉得母亲在认真绘画时是柔和兼济刚毅的，犹如一幅极美的画卷。陆小曼希望自己也能成为那至美画卷里的至美风景，抑或是临摹至美风景的安静画者。

陆小曼的写意山水画，浓、淡、破、泼、渍的墨分五色；诗、书、画浑然一体，有着“苏堤春晓”“南屏晚钟”的气韵。她能将这一切把握得游刃有余，所以她的笔下有风骨、也有风景，有风格、亦有风韵。与生俱来的禀赋，加之得天独厚的学习环境，使得她的绘画功底与日深厚。

陆小曼初学油画时便潜心思索，尝试着将自己已然掌握的国画原理融会贯通于油画之中，用硬朗及柔和交织的笔锋来勾勒画面的层次。陆小曼的油画，挫、拍、揉、点、扫，柔和抑或遒劲，有着巴洛克风格、学院主义风采。陆小曼的绘画手法不仅使浓烈的色彩不再刻意突兀，更让油画多了几分空间交错的意蕴。

陆小曼每每沉醉于画中的世界，总是非常投入，可谓是废寝忘食，一连几个小时不吃饭、不歇息是很常见的事。她在欣赏别人的画作时也是凝神静气，仿似被那画中的景致所吸引，又或是为那画作背后的故事所着迷。陆小曼在作画时不允许任何人打扰，她认为作画就该一气呵成，如若被中断，也便没了完满和意境。

对于陆小曼的才华，很多人并不怎么清楚，在很多人眼里陆小曼几乎是仅仅因为与诗人徐志摩的婚恋纠葛才使得自己成为近代名人的。有的人不讲徐志摩就讲不出陆小曼，虽然徐志摩不是陆小曼的全部，但是要讲陆小曼又不能不提她和徐志摩的婚恋故事。

由于陆小曼一生中的婚恋故事使得许多人对其印象不佳，尤其是她吸大烟、常出入社交场所，在很多人眼里是一个放荡、堕落的女性。陆小曼的第一次婚姻是家里父母的安排，当时也是轰动京师的盛会。由于陆小曼与徐志摩的恋情触碰了当时社会的世俗规则，被世人指责、谩骂，她后来离婚也是闹得沸沸扬扬。在20世纪20年代，抛妻弃子的男人大有人在，但是主动提出离婚“抛弃”从美国西点军校毕业的丈夫的女人，陆小曼却是史无前例的第一人。陆小曼在女性解放方面，确实走到了许多人的前头。陆小曼的独特和对世俗的挑战让许多人在背后对其大加鞭挞，各种流言蜚语和诟骂嘲笑犹如狂风骤雨般全都向陆小曼涌来，逐渐将她的才华淹没，她的才华慢慢变得鲜为人知。

陆小曼的古文基础很好，写旧诗的绝句清新俏丽，颇有明清诗的特色；她写文章很美，既蕴藉婉约又无雕琢之气；她写的新体小说诙谐直率。她自小爱读书，又学习过外语，因而读了很多英法原文版的小说。1947年夏天赵清阁向陆小曼约稿，她接受后创作了一部约两万字的小说《皇家饭店》（原名《女儿劫》）。在这部作品中，女主人公婉贞是上海沦陷时期一个小职员的妻子，她不得不违心应聘到皇家饭店的目的，就是为了给儿子二宝看病。站在小小的售货台后面，她亲眼目睹出入饭店的太太、小姐们奢靡背后的污浊丑陋，不染污泥、洁身自好的她毅然不顾一切地昂首走出皇家饭店，放弃了向经理借钱给儿子买药打针的想法。陆小曼曾经常出没于各种社交场所，她用她曾经熟识的经历，生动形象地再现了沦陷时期旧上海十里洋场繁华背后的真实场景。很多读者读完《皇家饭店》后重新认识了这位饱受争议的民国美人，也从书中看到了陆小曼不为世人所知的一面。

“不求人夸颜色好，只留清气满乾坤！”这句诗特别符合陆小曼的人生观，陆小曼至繁又至简，因为格局大，才能承得住那么多故事。她很真实，很纯粹，很简单，至爱飞逝之后，她沉静的生活，让我们透过那些婚恋故事的浮云真实地看到一个充满传奇色彩的旷世才女，让她的才华犹如金子般熠熠生辉，不被婚恋故事引来的尘世浮华所淹没。

第八章　秋叶般静美：陆小曼朴素的后半生

春花秋月情未了，冷暖由人心自明，人生起落寻常事，素衣纤手春秋笔。她的前半生，是一只美艳的蝶，肆意炫耀着自己光彩照人的外表；她的后半生，是一只平凡的蝶，安宁、平静。她倾心于绘画艺术，遍拜名师，为曾经徐志摩一直希望她成为的那个女人而努力着，终有所成。她无须用语言去为自己做任何的辩解，她用后半生的孤独清苦换前半生的红艳繁华，她用一个女子柔弱的身心告诉世人爱的真谛。随着时光悄悄褪去隐藏在她身上的面具，那些陈旧不堪的纱幔渐渐支离破碎的时候，陆小曼这个曾经毁誉参半的女子，终将把她散发的所有的美重新展现在世人面前。

1. 领导关怀，重拾温暖

繁华过后没有浓郁的绚烂，烟火落尽一切尽归现实，陆小曼洗尽铅华，半生素衣，默默地将曾经的多彩生活埋于心底，默默纪念与徐志摩的曾经，用黑白的简单生活来完结两人绚烂的一生。

陆小曼是一个高傲却命运多舛的女人，但她坚持自己的观点，坚持自己的追求。即便是在抗战期间她也没有离开过上海，即便是生活困窘时她也没有与敌伪来往，更没有在敌伪的刊物上发表过任何文章，她坚持了自己正直的爱国立场。

洗尽铅华呈素姿，半生素衣绘丹青。晚年的陆小曼病痛缠身，终于卸下了艳彩粉黛，可卸不下的却是与生俱来的光辉斑斓。流光容易把人抛，红了樱桃，绿了芭蕉。赢不过韶光的陆小曼还是老了，但她的传奇却始终在继续。

新中国成立之后陆小曼也得到了党和政府领导人的关怀。1956年4月党中央在讨论“十大关系”的过程中提出了“百花齐放、百家争鸣”的方针，文化事业得到了很大的发展。据《陆小曼传》中记载，1956年，在上海美协举办的一次画展中陆小曼的画作参与了展出。恰好，时任上海市市长的陈毅携夫人前来观展。素爱书画的陈毅在看到陆小曼的画作时不禁被其中独特的意蕴与精湛的画技所吸引，陈毅向身边的陪同人员询问情况后得知陆小曼就是当年有着“南唐北陆”之称的一代名媛，也就是大诗人徐志摩的妻子。陈毅称自己曾经听过徐志摩的课，论资排辈，这陆小曼还是自己的师母。在得知此时的陆小曼生活无着时，陈毅便同随行人员说起：“徐志摩是著名的诗人，陆小曼也是才女，这样的文化老人应该予以照顾。”

在陈毅市长的关照下，陆小曼被聘为上海市人民政府参事室参事，并加入了上海美术协会。虽然仅是个虚职，但由于每个月有固定的收入，陆小曼的生活得到了最低的保障。陈毅市长也会经常去看望陆小曼，她的生活逐渐稳定下来。1956年，在上海画院成立时，陆小曼还被聘为画师，并于同年任上海文史馆馆员，享受干部工资、知识分子待遇。陆小曼非常感激国家和政府的帮助，感恩之余，便更勤于习画、作画。长此以往，上海的画坛也便有了她的一席之地。

陈毅对陆小曼的境况始终牵挂关心，百忙之中偶尔也会抽出时间前去探望，在多次重要场合都问起陆小曼的现状。甚至连毛泽东视察上海时也专门向人问起过陆小曼的近况，在得知其体弱多病、生活拮据时，立即嘱咐要将这位文化界的元老妥善安置。

陆小曼在为陈毅创作的扇面上书有诗句：“山敛云舒水自流，板桥斜搁岸东头。茅堂幽僻人嚣远，一片闲情对野鸥。”陆小曼的画高致清雅、臻于化境。陈毅收到后十分满意，爱不释手。在上海市委举办的十周年宴会上，他还亲自向陆小曼敬酒，一声“师母”让陆小曼备感荣光。

备受众多领导关怀与鼓励，陆小曼更是在绘画事业上投入了几乎全部的精力与热情，晚年陆小曼的创作可以用“老骥伏枥、壮心未已”来形容。她虽然疾病缠身，但是依然坚持绘画和创作，天赋异禀加之钻研勤练，其在绘画方面取得了诸多优秀成绩，作品不断受到美术界的重视。1959年，她还被评为全国“三八红旗手”。

晚年的陆小曼虽是顽疾缠身，但是由于国家领导人的关怀，生活有了保障，可以安心习画创作，也因习画静心精神有了寄托，宛若开始了新的生命。她精神矍铄、面色红润，周身充满干劲，渐渐长胖的身体已不似从前那般病态恹恹、憔悴不堪，虽身着麻衣粗布，却是风韵犹存。

据《爱过，才不枉此生：陆小曼传》中描述，晚年的陆小曼逐渐与很多的故人少了联系。1957年，韩湘眉自美来华探亲，受朋友所托前去看望陆小曼。两人刚见面时，韩湘眉很是吃惊地说道：“你快胖得我认不出了，你的精神这么好，真是出乎我的意料。”韩湘眉本以为徐志摩死后生活无着的陆小曼会很拮据，处境会很难堪，想着给她一些帮助聊表寸心。出乎意料的是陆小曼告诉她此时的自己过得很好，并谢绝了她的资助。陆小曼告诉韩湘眉，自己现在有工作、有收入，坚持习画创作，新的生活方式给了她新的生命。言语之间无不透露着她对国家的感激之情。

陆小曼的晚年经常跟朋友们谈起自己能够重新找回生命的价值完全要感谢国家和政府的帮助与关怀，是党和国家给了自己新生命。即便在病榻之上时故友来探望，她也会虚弱地低声诉说：“我的日子不会多了！我是一个无牵无挂、家徒四壁的孤老，是新中国救了我，否则我早死了，我感激共产党。”

据《上海文史馆馆员录》记载，1964年秋，在修建杜甫草堂纪念馆时，修建方曾多次向陆小曼索要佳作。画院邀请陆小曼替成都的杜甫草堂画四张富含诗意的山水条幅，以作“杜甫生平展览”之用。纵使那时因被疾病困扰她的身体已经十分虚弱了，但她感激国家和政府的帮助，依旧有求必应，研习而后作，带着一身病痛依然坚持着画完了。最终她的四张山水条幅在“杜甫生平展览”中展出，领受着外宾、国人的赏鉴。

1964年恰逢中华人民共和国成立十五周年，为了表达对党的感激，为了祖国成立十五周年的节日献礼，那年春天，陆小曼开始用正楷笔录《矛盾论》全书。她的书法相当清秀，有恽南田之味。可是从那年夏天起，她的身体一天比一天差，最终她已握笔无力，这件事最终未能完成，成了她人生中的一大遗憾。

陆小曼的晚年守寡、抗病、戒鸦片、编书、写作、绘丹青，最终她收获了自己想要的生活。流言蜚语与是是非非虽然纠缠了陆小曼一生，但慈悲的岁月还是给了她最大的理解与宽容。人虽老矣，却也重新有了另一番风韵，唯有对徐志摩的一往情深一成不变。夜间忽梦少年事，恐梦闲人不梦君。

红颜易老，是为多情，陆小曼的前半生因爱情轰轰烈烈；岁月逐水，剥落了伤心过往，陆小曼的晚年因国家关怀重拾温暖而再现华章。

2. 画师鼓励，重拾旧笔

陆小曼的一生犹如一幅山水长卷，既有色彩斑斓，也有素雅淡静。她是至繁至简、至情至性之人，笔下的山水也便赋上了她的性情。她的一生轰轰烈烈，青砂重绘丹青，繁华过后，染尽苍茫，铅华洗尽，丹青赋情。撇开其他一切不谈，陆小曼在丹青艺术方面可谓旷世才女，紫毫生辉，能绘出明月多情；斑斓撞染，能印下桃花生羞；浓墨淡点，便是春浅。

陆小曼自小习画，很有天赋，在翁瑞午的鼓励之下，晚年重拾画笔，潜心作画。陆小曼的同乡恽茹辛在《民国书画家汇传》中评论道："因天分甚高，故进境颇速，所作山水，秀逸如其人。唯不多作，得者益珍之。"

陆小曼无论学习什么从来都是很会用心思，肯钻研，爱思考。而且在古人的作品上下了很大功夫。她在倪瓒、沈周、王鉴等的作品上花大力气研究了一番，又与当时画坛名家吴湖帆、钱瘦铁、孙雪泥、应野平等人交往频繁，彼此切磋，铢积寸累，在此基础上她的画艺进步神速。

1934年在上海发起成立"中国女子书画会"，该画会由冯文凤、李秋君、陈小翠、顾青瑶、杨雪玖、顾飞等人发起，后来有学者称它是中国历史上第一个由女性发起组织的女性艺术家团体，会员众多，在中国现代美术史上具有划时代的意义。平心而论，在当时的上海女画家中，论画技，陆小曼并非是最出色者，但论名气之大与画润之高则非她莫属。

另外，翁瑞午在陆小曼的学画与创作过程中有着不可忽略的作用，也可以说翁瑞午不仅在生活上、经济上对陆小曼给予帮助与照顾，更在她的艺术生涯上担任了类似经纪人或者家庭教师的角色。他师从赵叔孺，擅长书画诗文，自身绘画造诣极高，故而对陆小曼在绘画方面的指导也是影响深远。翁瑞午在与陆小曼切磋时，更是对她悉心指点，尤其是在画作谋篇布局、笔墨设色、落款题跋等方面都尽心尽力，口授指教，相互切磋，所以陆小曼的绘画，在分割布局、着色题词上都极似翁瑞午的风格。我们从《悲情陆小曼》一书中所见的山水图来看，陆小曼作品中不排除有翁瑞午的代笔代题之作。

陆小曼的画作风格多变。《鱼之乐》活泼而灵动，数条锦鲤跃然纸上，颜色各异，游水嬉戏，水草摇曳，令人倾心亦清新。作于1940年的《江南春色图》，画中景色是徐志摩的故乡。看着画中的墨色江南，烟柳惆怅，陆小曼肯定是根据那深深烙在眼中的画面将其清晰地搬上画布，又该有多少次的梦回，方得此间的真意，清灵而脱目。《花到深春》更是一幅佳作，两朵不知名的花开得嚣张，绿叶的簇拥更显艳红的蛊惑。数蝶花间舞，忘却来时路。恰到好处的留白，点到为止的神韵，无不凸显她的画工与天分。据资料记载，赵清阁评价陆小曼的作品道："清逸雅致，诗意盎然，自然洒脱，韵味无穷，洋溢着书卷气，是文人的风格。"

陆小曼的一生犹如一幅含义隽永的画卷，既有西洋油画的浓墨重彩、生辉斑斓，又有中式水墨的清辉浓郁、壮阔波澜。正因为不甘庸庸碌碌，所以她的画笔从未印下过平凡。

3. 琼花飘落，花落无言

陆小曼的爱情犹如琼花盛开到极致，艳丽芳华却不失端庄，清香四溢却不失清扬。然而，盛开的花期总是短暂的，艳丽芳华过后是恬静的淡雅素净。

徐志摩的离世标志着陆小曼这朵洁白琼花极盛时代的结束。她开始不再参加社交活动，专心在家整理徐志摩的遗作。外面的流言蜚语满天飞，世人的谩骂与指责充斥着每个角落，但是她对此不闻不问，被许多人误解、指责、批判她也不曾辩解一句。她一直喜欢穿素雅的衣服，徐志摩离世后她更是不再穿一次红色的衣服，她也从不喜欢浓妆艳抹，只是静心地绘画创作，成了一朵真正的洁白素雅的琼花。

无情的病魔使陆小曼夜不能寐，漫漫长夜，死一般的寂静，她知道自己时日不多，内心寂寞却平静。或许人大多都是如此，在一无所有的时候，就喜欢把自己沉浸在过去的美好或者未来的憧憬中。陆小曼选择了前者，她默默地回顾着自己的一生，想起那个聚集了无数名流权贵的城市，想起那时那位光彩夺目的大家名媛，想起琴棋书画无所不精、行文吟诗无所不能的才女，想起无数男人赞许与欲求不得的饥渴的目光，想起自己不顾一切与之共结连理倾心相待的挚爱……忽然，她的思绪中断，我们分明能看见此刻的她，眼角闪烁着泪花，是的，她哭了，不为一生的繁华已成过眼烟云，不为自己此番不堪，只为那个一生的挚爱已阴阳两隔，只为还未偿还自己对他欠下的债。

回想往日，徐志摩与她的相逢，不算盛世风景，却是震动了她整个生命的时光。那时，她是他眼中最美最纯洁最可爱的灵魂，是镌刻在他心上艳丽的朱砂痣，他曾与她相伴游长城，逛天桥，到来今雨轩喝茶，去西山看红叶……他曾为她甘冒世之不韪，乃求良心之安顿，人格之独立。其后的种种过往，尘世的纠缠不过令两颗孤独的灵魂越走越近，相互依偎，这是一场最完整的爱情，欢喜与悲哀同在，浪漫与曲折同存，它是上个世纪的一场绝恋。

而如今，物是人非……陆小曼痛苦地闭上了眼睛，心绪复杂，在这令人烦扰的午夜，这朵美丽的花朵忍受着揪心的疼痛。终于，陆小曼的身体彻底垮了。1964年10月，陆小曼因肺气肿及哮喘住进了医院。她终日咳嗽不止，人愈发消瘦了。朋友来探望，她总是勉强露出一丝笑意，她经常说自己梦见了徐志摩，说自己很快就要与徐志摩重逢了。说这些话时，她总是充满了陶醉充满了期待，就像是要去与一位心仪的情人约会。

随着病情的加重，陆小曼的身体愈加孱弱了。虽然旁人对她的病情讳莫如深，她却已心知肚明，对自己的身体情况已了如指掌。瞬息浮生，薄命如斯，她的一生历尽千回百转瘦尽花灯。陆小曼勉强挨到1965年暮春时病情已十分严重，起坐无力，终日咳嗽不止。

病榻之上的陆小曼早已看淡生死，唯独放不下的便是徐志摩遗作出版的问题。作为好友，赵家璧常来医院探望陆小曼，而陆小曼对他说得最多的却是请他帮忙尽早出版《志摩全集》。每次赵家璧来医院看陆小曼，陆小曼拜托他帮忙出版徐志摩的书，赵家璧总安慰她说："他留下的文学作品，将永远成为新中国文学宝库的一个重要组成部分。"每次听完赵家璧的话，陆小曼都会宽慰地笑。陆小曼得到肯定答案便会备感心安，笑容挂在脸上，犹如一朵寒风中摇曳的琼花，似乎一不小心就会随风飘走一般，但是那股淡淡的香气却依然萦绕心头，却让人看在眼里、疼在心上。

1965年4月3日，旷世才女、一代美人陆小曼在上海华东医院过世，享年63岁。陆小曼犹如一朵被社会的腥风血雨摧残的琼花，安然地落入了凡间泥尘之中。花开绚烂，花落无言，这一朵璀璨一时的琼花如一颗流星悄然滑落，没引起多少人的关注。赢不过韶光的陆小曼还是走了，走得悄无声息，可她的传奇却始终在继续。

在陆小曼的灵堂上，挂着一副挽联，挽联上写着："推心唯赤诚，人世常留遗惠在；出笔多高致，一生半累烟云中！"

送给陆小曼挽联的不是别人，正是她的好朋友——王亦令。

此前为了能够减轻家中的负担，同时自己治病也需要钱，陆小曼便找到一家出版社，找了一份翻译的工作。虽然陆小曼并没有在国外生活过多长时间，自己的英文也是请老师到家中教授的，但是她的英文却十分流利，做一份翻译的工作不成问题。但是，由于年轻时生活不规律，再加上后来吸食大烟，给她的健康造成了很坏的影响。一旦坐的时间长了，陆小曼就会身体疼痛，难以忍受。工作完不成，让陆小曼很是着急。这时，王亦令作为文学上的后辈人，主动提出帮助陆小曼完成翻译工作。一方面他能够帮陆小曼减轻一些工作的负担，保养好身体，另一方面，也可以借此机会锻炼自己，提高自己的翻译能力。就这样，陆小曼和王亦令成为了工作上的合作伙伴，虽然在年龄上陆小曼要比王亦令大得多，但是，在长期的合作中两人建立起了深厚的友谊。

关于替代翻译工作这件事，王亦令在自己的回忆文章中也有所记录，他写道："她当时虽已进了文史馆和中国画院，每月有津贴，但因医药费用支出很大，像'柯待因'之类都需自掏腰包，再加上她素来手面很大，所以经常捉襟见肘，急需另辟财源，唯一可能就是译书，凭她的名气，出版社是肯签订约稿合同并且预付部份稿费的，但无论如何你总要交出东西来才行呀，出版社总不能白送你钱。而她一则已数十年不碰不文，二则体力到了坐都坐不动的程度，如何伏案翻译？恰巧这时我还乳臭未干、初出茅庐，有力量动笔，但无名小卒拿不到约稿合同，于是两厢情愿合作起来。由她出面向出版社认取选题，由我执笔。"就这样，两个人一同完成了《艾格妮丝·格雷》《西门豹治河》等文章的翻译及写作。

陆小曼一直把王亦令当作自己的弟子来看待，不论是工作上还是生活上，总是苦口婆心地教导他，其中，有温柔细雨的劝告，也有严厉的训斥。就连王亦令和妻子闹了别扭吵了架，陆小曼都会诚心相劝，帮助他们言归于好。王亦令回忆时说道："都说'清官难断家务事'，我看陆小曼就比清官还管用。我和妻子琴争吵之后，陆小曼总是能善于引导，将我两人的关系变好。这其中，她也并不是一味地指责我，而是讲清道理，谁也不袒护。"可见，陆小曼不仅把王亦令当作自己的弟子，更是像家人一样来对待他。考虑到当时的社会大环境，谁能不感动呢？

陆小曼对于王亦令的帮助，让王亦令一直记在心上。甚至在陆小曼病重期间，还为王亦令的家事操心，日后王亦令每每想起都感动不已。

陆小曼就是这样一个人，生性天真自然，不为社会规矩所束缚，一切凭着真心办事。难怪她在生前能结交到那么多朋友，去世后还有那么多人挂念着她。一代才女陆小曼去世了，但是关于她的故事还在流传着。

4. 合葬遗愿，终成憾事

陆小曼在徐志摩死后，受到了社会各界的指责，似乎所有的罪责一夜之间都倾轧于这个柔弱的女子，使她在人们阴暗的文字中默默地接受着一次次的鞭斥。根据苏雪林回忆，在徐志摩死后，陆小曼一直沉浸在失去徐志摩的痛苦中不能自拔，病痛、伤心、无奈、懊悔，把这位原本风采绝伦、才貌双全的女人折磨得“脸色白中泛青，头发也是蓬乱的，一口牙齿脱落得精光，也不另镶一副”。

陆小曼曾不止一次地说：“如果不解放，我肯定活不到今天；如果徐志摩生前知道，我们共产党是这样的好，他也会和我一样相信的，可惜他死得太早了。如果不死，我相信他不会跟着走胡适的道路，他可能会走闻一多的道路。”她又说：“唉，志摩要是不坐那架小飞机就好了。”每每说到此处，她的眉眼之间总是充满着无奈与懊悔。

陆小曼临终前向朋友表达了想与徐志摩合葬的遗愿，她虽然知道这是给朋友出了一道难题，虽然她知道希望渺茫，但是她没有办法阻止自己内心的渴望，只有寄希望于此。

或许是真的有回光返照，亦或者是临终前真的能感知另一个世界的存在。当时，在友人赵清阁等人前来探病时，陆小曼经常说自己梦到徐志摩了，看淡生死的陆小曼一直放不下徐志摩的遗作，最后临终前她一再叮嘱友人要想办法出版徐志摩的文稿。香销残冷，总负情多，她的爱情贯穿了生命的始终。即使在生命的最后一刻，她依然期盼自己死后能与徐志摩合葬。好友赵清阁闻后不禁哽咽，不忍拒绝，也为了安慰陆小曼，不假思索地说："我尽力想办法，你现在养病要紧。"陆小曼微笑着连连道谢，赵清阁的承诺使她受到了极大的鼓舞，赵清阁又是泪眼潸然。

然而，正如我们所料到的，她的遗愿成了她永远的遗憾。陆小曼死后，她的骨灰一直未得到妥善的安葬，她希望可以在死后与徐志摩合葬的遗愿却也终究没能实现。

徐志摩与陆小曼的爱是真正意义上冲破了旧时的封建礼俗、道德藩篱之爱的典范，一场真正勇敢的自由之爱，可是人们无法体会他们爱的真谛，所以把一切的责难给了他的未亡人，曲解了他们的如海深情，而肆意地把自己想象的故事附会在他们的故事里。于是，陆小曼没有资格与徐志摩合葬。而陆小曼想葬到硖石徐志摩墓旁去的遗愿未能实现，赵清阁在回忆陆小曼的文章《陆小曼幽怨难眠》中提到此事时还耿耿于怀。

因为历史原因，陆小曼的骨灰一直没有得到妥善的安葬。终于在1998年春，由陆小曼的堂侄、堂侄女们一起，在苏州东山华侨公墓建造了纪念墓，在墓碑上贴有陆小曼年轻时的一张照片，她的脸上露着灿烂的笑容，旁边青松环绕。同时，陆小曼的父亲陆定与母亲吴曼华的墓碑被一同建在旁侧。至此，这位坎坷一生、众说纷纭的不幸女子最后总算画上了一个差强人意的句号，她在九泉之下也可以瞑目了。

就这样，这位旷世美人结束了她的一生。她把一个女人所有的特性发挥得淋漓尽致，她让所有指摘她的人汗颜羞愧。斯人远去，她铅华洗净，甘愿淡泊，绝迹曾经留下旖旎风光的地方，而消失在人们的视线里。她爱过，悔过，恨过，然而，在她逝去之后，人们也不能放弃对她的责备。

世人总是偏心的，总把赞誉给那些符合循规蹈矩、符合所谓传统妇女美德的女子，而对于那些离经叛道、出位离奇的女子向来是藏着偏心的，自己不能为或者想为却不敢为，就偏要把那敢作敢为的人一棍子打死，非如此不能显示自己的正道，更有龌龊之人是欲之不得，必竭尽毁之。简言之，人们可以容忍一个平凡庸俗的女人在你生活里横眉竖眼，却容不得一个才华横溢的绝色女人在你视野中恣意张扬。

回顾陆小曼的一生，她幼时聪慧，父母宠爱，衣食无忧。然而遇到了徐志摩，便遇见了命定的劫数。缘也罢，劫也罢，他们只为了跟随自己的心。陆小曼的离去不会杳无痕迹，一代传奇哪怕死亡也会留下摄魄的芳菲，唯独这个遗愿却成了她永远的遗憾。

何必纠结什么错对，背负太多自然会失去太多，狭路相逢的宿命何不就此选择同行，分道扬镳而后将是彻骨的悔意。陆小曼的一生，可谓活得畅快淋漓，因为她从未违背过自己，赞誉或诅咒她悉数饮尽，骂名或恶语她全然背负。

陆小曼生得名门，长得美丽，爱得传奇，写得浪漫，画得漂亮，她是最具争议的红颜，也是最不可否认的传奇；她是最令人怜惜的“祸水”，却有着无人能够抗拒的风情。世上没有完美的事情，自然也没有完满的人生，谁的人生能不留遗憾。风姿卓越、仪态万方是无限风光的陆小曼；为情所伤、点鬓微霜，是忍覆余觞的陆小曼；素衣无华、研画滴花，是洗尽铅华的陆小曼。

陆小曼凝合了容貌与才情、光环与芳华于一身，在迷茫的尘世，她为爱苦苦战斗了一生。在寂寞烟云消逝后，她依然散发着绝世的风华，光辉熠熠；在烟花飘逝的瞬间，舞成永恒。

历史的车轮慢慢碾过，每一个时光里的兴衰故事也总是从芸芸众生的视角来忠诚地被记录，是褒是贬只能留予后人评说。